无人驾驶汽车关键技术研究

刘海朝　宋小娜　著

吉林科学技术出版社

图书在版编目（CIP）数据

无人驾驶汽车关键技术研究 / 刘海朝，宋小娜著
. -- 长春：吉林科学技术出版社，2023.9
ISBN 978-7-5744-0935-4

Ⅰ．①无… Ⅱ．①刘… ②宋… Ⅲ．①无人驾驶－汽
车－智能技术－研究 Ⅳ．① U469.79

中国国家版本馆 CIP 数据核字（2023）第 201205 号

无人驾驶汽车关键技术研究

著　　者　刘海朝　宋小娜
出 版 人　宛　霞
责任编辑　潘竞翔
封面设计　树人教育
制　　版　树人教育
幅面尺寸　185mm×260mm
开　　本　16
字　　数　240 千字
印　　张　11
印　　数　1-1500 册
版　　次　2023 年 9 月第 1 版
印　　次　2024 年 2 月第 1 次印刷
出　　版　吉林科学技术出版社
发　　行　吉林科学技术出版社
地　　址　长春市南关区福祉大路 5788 号出版大厦 A 座
邮　　编　130118
发行部电话 / 传真　0431—81629529　　81629530　　81629531
　　　　　　　　　　81629532　　81629533　　81629534
储运部电话　0431—86059116
编辑部电话　0431—81629520
印　　刷　三河市嵩川印刷有限公司
书　　号　ISBN 978-7-5744-0935-4
定　　价　80.00 元

前　言

随着人们生活水平的不断提高，汽车成为现代生活中必不可少的交通工具，汽车行业根据市场供需关系的变化不断改进和研发各种汽车，其中无人驾驶汽车便是重要研发成果。无人驾驶汽车之所以能够提上各大汽车企业的研究与开发日程，被国内外相关机构作为研究重点，投入大量的人力和物力，不仅仅因为它代表了高新科技水平，更因为它满足了人类对汽车技术发展的迫切需求。

从长远的角度来看，汽车发展的趋势是实现自主驾驶。无人驾驶汽车是自主驾驶的一种表现形式。从广义上来说，无人驾驶汽车是在网络环境下用计算机技术、信息技术和智能控制技术武装起来的汽车，是有着汽车外壳的移动机器人。无人驾驶汽车作为汽车行业未来转型的重要发展方向，在研发过程中面临较多问题，因此对无人驾驶汽车关键技术进行研究显得尤为重要。

本书就无人驾驶关键技术进行分析，先是介绍了汽车基本原理与构造，并概述了无人驾驶汽车的产生和发展、无人驾驶系统概述、国内外无人驾驶技术研究现状等；接着详细地分析了车辆运动学与动力学建模、无人驾驶汽车体系结构和感知、无人驾驶车辆定位导航与控制以及加入规划层的轨迹跟踪控制；最后在无人驾驶车辆设计与测试方面进行了探讨。

本书在编写过程中参考了大量国内外公开发表的资料，在此也向相关资料的作者一并表示感谢。由于无人驾驶汽车技术在不断发展之中，加之笔者水平和能力有限，书中不当之处，望广大读者批评指正。

目　录

第一章　汽车基本原理与构造 ………………………………………… 1

第一节　汽车行驶的基本原理 ……………………………………… 1

第二节　汽车"心脏"的构造 ……………………………………… 11

第三节　汽车底盘结构认识 ………………………………………… 22

第四节　汽车车身 …………………………………………………… 33

第二章　无人驾驶概述 ………………………………………………… 45

第一节　无人驾驶汽车的产生和发展 ……………………………… 45

第二节　无人驾驶系统概述 ………………………………………… 48

第三节　国外无人驾驶技术研究现状 ……………………………… 50

第四节　国内无人驾驶技术研究现状 ……………………………… 54

第五节　无人驾驶汽车行为决策研究现状 ………………………… 58

第三章　车辆运动学与动力学建模 …………………………………… 66

第一节　车辆运动学建模 …………………………………………… 67

第二节　车辆横摆动力学建模 ……………………………………… 71

第三节　综合等效约束车辆动力学建模 …………………………… 80

第四节　联合仿真平台概述与仿真实例 …………………………… 85

第四章　无人驾驶汽车体系结构和感知 ……………………………… 96

第一节　无人驾驶汽车的体系结构 ………………………………… 96

第二节　无人驾驶汽车的环境感知 ………………………………… 99

第五章　无人驾驶车辆定位导航与控制 ……………………………… 107

第一节　无人驾驶汽车的定位与导航 ……………………………… 107

第二节　无人驾驶汽车的控制技术 ………………………………… 111

第六章　加入规划层的轨迹跟踪控制 ………………………………… 121

第一节　结合规划层的轨迹跟踪控制系统 ………………………… 121

第二节　基于 MPC 的轨迹规划器 ································ 123

第三节　基于 MPC 的路径跟踪控制器 ························ 138

第四节　不同车速下的跟踪控制仿真实例验证 ············ 147

第七章　无人驾驶车辆设计与测试 ······························ 161

第一节　无人驾驶车辆设计方法 ····························· 161

第二节　仿真测试 ·· 162

第三节　实车测试 ·· 164

第四节　机遇与挑战 ·· 166

参考文献 ·· 168

第一章　汽车基本原理与构造

第一节　汽车行驶的基本原理

一、汽车行驶过程

汽车行驶必须具备两个基本的行驶条件：驱动条件和附着条件。

（一）驱动条件

汽车必须具备足够的驱动力，以克服各种行驶阻力，才能正常行驶。行驶阻力包括滚动阻力、空气阻力、坡度阻力和加速阻力。

1. 驱动力

汽车的驱动力来自发动机。发动机产生的转矩经过汽车传动系统施加给驱动轮转矩 T_t，它力图使驱动轮旋转。在转矩的作用下，驱动轮与里面接触处对地面施加一个作用力 F_0，其方向与汽车行驶方向相反（汽车的行驶方向向左）。

由于车轮与地面的附着作用，在驱动车轮对路面施加力 F_0 的同时，路面对车轮施加一个大小相等、方向相反的反作用力 F_t，这就是使汽车行驶的驱动力（图 1-1）。

2. 滚动阻力

滚动阻力是由于车轮滚动时轮胎与路面在其接触区域发生变形而产生的。车轮在硬路面上滚动时，驱动汽车的一部分动力消耗在轮胎变形的内摩擦上，而路面变形很小；车轮在软路面（松软的土路、沙地、雪地等）上滚动时，路面变形较大，所产生的阻力就成为滚动阻力的主要部分。滚动阻力以 F_f 表示，其数值与汽车的总质量、轮胎的结构与气压及路面的性质有关，它等于车轮负荷与滚动阻力系数之积。

3. 空气阻力

汽车向前行驶时，前部承受气流的压力而后部抽空，产生压力差。此外，空气与车身表面及各层空气之间存在着摩擦，再加上引入发动机舱冷却发动机和驾驶室通风及外伸零件引起的气流干扰，就形成了空气阻力。空气阻力以 F_w 表示，它与汽车的形状、汽车的正面投影面积、汽车与空气相对速度的平方成正比。可见,汽车速度很高时,空气阻力相当可观,并成为总阻力的主要部分。

4. 坡度阻力

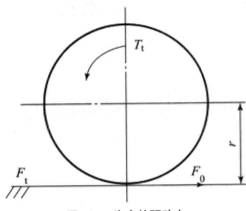

图 1-1 汽车的驱动力

汽车在坡道上行驶时,其总重力沿坡道方向的分力称为坡度阻力,以 F_i 表示。汽车只有在上坡时才存在坡度阻力,但汽车上坡所做的功并没有白白耗费,而是转化为重力势能。当汽车下坡时,重力势能促使汽车下坡并转化为动能。

5. 加速阻力

汽车加速行驶时,需要克服其自身质量加速运动的惯性力,即加速阻力,以 F_j 表示。

6. 驱动力与总阻力的关系

汽车的驱动力 F_t 与上述各项阻力之和(总阻力)存在如下关系:

$$Ft = F_r + F_w + F_i + F_j$$

当 $F_j = 0$ 时,汽车在坡道上匀速行驶;当 $F_j > 0$ 时,汽车在坡道上加速行驶,但随着速度的增加,空气阻力也随之增加,在某个较高的车速处达到新的平衡,然后匀速行驶;当 $F_j < 0$ 时,汽车将减速行驶或停驶。当汽车在平直的路面上以最高车速行驶时,只需克服滚动阻力和空气阻力。

(二)附着条件

汽车能否充分发挥其驱动力,还受到车轮与路面之间附着关系的限制。在平整的干硬路面上,汽车附着性能的好坏取决于轮胎与路面间摩擦力的大小。这个摩擦力阻碍车轮的滑动,使车轮能够正常地向前滚动并承受路面的驱动力。如果驱动力大于轮胎与路面间的最大静摩擦力,车轮与路面之间就会发生滑转。在松软的路面上,除了轮胎与路面间的摩擦阻碍车轮滑转外,嵌入轮胎花纹凹处的软路面凸起部还起一定的抗滑作用。通常把车轮与路面之间的相互摩擦及轮胎花纹与路面凸起部的相互作用综合在一起,称为附着作用。由附着作用所决定的阻碍车轮滑转的最大力称为附着力，用 F_ϕ 表示。附着力与车轮所承受的垂直于路面的法向力 G（称为附着重力）成正比，即 $F\phi = F \cdot \phi$。式中，ϕ 为附着系数，其值与轮胎的类型及路面的性质有关；附着重力 G 为汽车总重力分配到驱动轮上的部分。

由此可知，汽车所能获得的驱动力受附着力的限制，一般可表达为

$$F_t \le F_\phi$$

此公式即汽车行驶的附着条件。

在冰雪或泥泞路面上，由于附着力很小，汽车的驱动力受附着力的限制不能克服较大的阻力，导致汽车减速甚至不能前进。即使加大节气门开度，或变速器换入低挡，车轮也只会滑转而驱动力仍不能增大。为了增加车轮在冰雪路面上的附着力，可采用特殊花纹轮胎或在普通轮胎上绕装防滑链，以提高其对冰雪路面的抓地能力。非全轮驱动汽车的附着重力只是分配到驱动轮上的那部分汽车总重力，而全轮驱动汽车的附着重力则是全车的总重力，因此其附着力较前者显著增大。

二、汽车制动过程

使行驶中的汽车减速和停车、使下坡行驶的汽车速度保持稳定，以及使已停驶的汽车保持不动，这些作用统称为汽车制动。汽车上必须装设一系列制动装置，以便驾驶员能根据道路和交通等情况，对汽车进行一定程度的强制制动。这种对汽车进行制动的装置称为制动系统。

（一）制动系统的组成及分类

轿车常用的制动系统主要由制动踏板、制动主缸、前轮制动器、后轮制动器、驻车制动杆、传动零件和制动管路等组成。

按作用的不同，制动系统可分为行车制动系统、驻车制动系统、应急制动系统及辅助制动系统等。用来使行驶中的汽车减速和停车的制动系统称为行车制动系统，由驾驶员用脚操纵；用来使已停驶的汽车驻留原地不动的制动系统称为驻车制动系统，由驾驶员用手操纵；在行车制动系统失效的情况下，保证汽车仍能实现减速或停车的制动系统称为应急制动系统；在汽车下长坡时用来稳定车速的一套装置称为辅助制动系统。此时，若单靠行车制动系统达到下长坡时稳定车速的目的，可能导致行车制动系统的制动器过热而降低制动效能，甚至完全失效。上述各制动系统中，行车制动系统和驻车制动系统是每辆汽车都必须具备的。

按制动操纵的能源不同，制动系统可分为人力制动系统、动力制动系统和助力制动

系统等。以人力作为唯一制动能源的制动系统称为人力制动系统,依靠由发动机的动力转化而成的气压或液压形式的制动系统称为动力制动系统,兼用人力和发动机动力进行制动的制动系统称为助力制动系统。

(二)制动器的组成及工作原理

制动器安装在车轮中,称为车轮制动器。车轮制动器一般用于行车制动,也兼用于驻车制动。制动器有两种常见的结构形式,一种是鼓式制动器,另一种是盘式制动器。

1. 鼓式制动器

鼓式制动器主要由制动鼓、制动蹄(两个)、制动轮缸、制动底板和回位弹簧等组成。图 1-2 所示为鼓式制动器的工作原理。以内圆柱面为工作表面的金属制动鼓固定在车轮轮毂上,随车轮一同旋转。在固定不动的制动底板上有两个支承销,支承着两个弧形制动蹄。制动蹄的外圆柱面上装有摩擦片。制动底板上还装有制动轮缸,用油管与装在车架上的制动主缸连通。主缸活塞由驾驶员通过制动踏板机构操纵。

制动系统不工作时,制动鼓的内圆柱面与制动蹄摩擦片的外圆柱面之间保持一定的间隙,使车轮和制动鼓可以自由旋转。当需要使行驶中的汽车减速时,驾驶员踩下制动踏板,通过推杆和主缸活塞,将制动主缸内的油液压入制动轮缸,使轮缸的两个活塞向外移出,推动两制动蹄向外张开,使其摩擦片压紧在制动鼓的内圆柱面上,通过摩擦力使车轮减速。制动力越大,汽车速度越小。当放开制动踏板时,制动蹄被复位弹簧拉回原位,轮缸中的油液流回主缸,制动即解除。

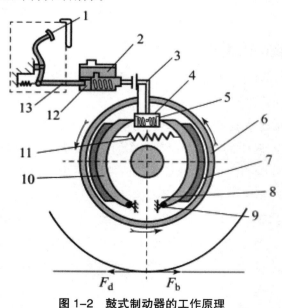

图 1-2 鼓式制动器的工作原理

1—制动踏板;2—制动主缸;3—油管;4—制动轮缸;5—轮缸活塞;6—制动鼓;7—摩擦片;

8—制动底板；9—支撑销；10—制动蹄；11—制动蹄复位弹簧；12—制动主缸活塞；13—推杆

2. 盘式制动器

盘式制动器的制动主体是随着车轮一起转动的制动盘和固连于制动底板上的制动钳。图 1-3 所示为盘式制动器的工作原理。制动钳跨于制动盘两侧，每侧各有 1~2 个制动块。在制动盘一侧的制动块与制动钳之间装有单活塞制动轮缸。未制动时，制动块与制动盘之间有一定的间隙；制动时，液压油进入轮缸，将活塞向右推出，使制动盘一侧的制动块压向制动盘，同时通过制动钳拉动另一侧的制动块也压向制动盘，从而产生制动力。制动盘上的小孔和制动盘内的通道用于通风散热。

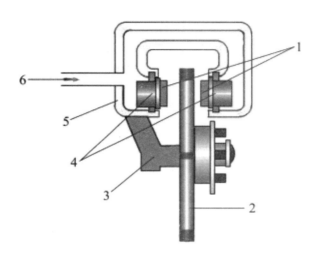

图 1-3　盘式制动器的工作原理

1—制动块；2—制动盘；3—车桥部；4—活塞；5—制动钳；6—进油口

与鼓式制动器相比，盘式制动器尺寸小，重量轻，制动性能稳定，更容易控制。鼓式制动器在相同的踏板力作用下，能产生比盘式制动器更大的制动力。因此，轿车多采用盘式制动器，而载货汽车因要求制动力大，均采用鼓式制动器。

（三）制动器的生产厂家

1.Brembo

Brembo（布雷博）公司是意大利一家从事高性能制动器系统和部件的工程设计、开发和制造的厂商。1975 年，法拉利开始在它的 F1 赛车上装备 Brembo 制动系统，之后阿斯顿·马丁、雪佛兰、玛莎拉蒂和保时捷都开始装备 Brembo 制动系统。Brembo 公司致力于提升系统的性能表现，因此其在研发中投入很大，拥有超过 390 位工程师从事研发领域的工作，并不断寻找更有创新精神的解决方案。

Brembo 制动系统有一个很大的特点，就是较为渐进的制动反应，其不会像其他品牌那样对悬挂要求过分强硬，即使一些稍微改装过套装避震系统的车型也不会在制动时出现太大的点头状况。当然前提是选择好适合自己车辆的型号，如功率不超过 200 hp 的车辆，选择 LOTUS 小型四活塞卡钳，再搭配上相应的制动碟即可；功率不超过 400 hp 的中大型跑车或者改装车，F50 大型四活塞卡钳就基本可以满足大部分车主的要求；对于那些功率在 500~600 hp 的重度改装车型或者车身较重的 SUV，六活塞制动是不二之选；最后是怪兽级机器，如 800 hp 的 SUPRA、1 000 hp 的 GT-R，没有 8 个活塞的制动卡钳则无法控制。

2. 武汉万向汽车制动器有限公司

武汉万向汽车制动器有限公司成立于 1999 年 8 月，专业生产汽车盘式制动器，是武汉市高新技术企业，被武汉市建行评为 AAA 信用企业，是市工业企业"管理样板"工程，荣获"湖北省工业企业综合实力 500 强"称号。

该公司主要为神龙富康、哈飞民意、路宝、厦门金龙、长丰猎豹、武汉万通、海南马自达等大型公司提供配套产品。其中 SIV48 型前制动卡钳——神龙汽车项目的配套工程，是国家汽车零部件重点引进的开发项目之一。武汉市于 1992 年批准了该项目的可行性研究报告，1995 年与联信欧洲公司技术部签订了许可证与技术援助协定，获得了 SIV48 型前制动卡钳亚洲地区独家许可生产所需的专利技术资料及资格。2000 年年初该产品正式大批量供应神龙公司并取代了原进口产品，100% 满足了主机厂的配套要求。

3. 吉林汽车制动器厂

吉林汽车制动器厂始建于 1970 年，位于长春市高新技术产业开发区卫明街 999 号，是长春市重点高新技术企业。20 世纪 90 年代初，其占地面积为 19.1 万 m²，员工数量为 1 260 人；2007 年销售收入为 4 亿元；生产能力：145 万套真空助力器带主缸总成、5 万套盘式制动器。吉林汽车制动器厂是中国兵器工业总公司直属大型一档企业，是国家定点生产中、高档轿车，轻型车，微型车制动系列产品的基地。吉林汽车制动器厂具有专兼职工程技术人员 179 人，研发人员 65 人，技术力量雄厚，拥有先进的生产和制造设备。

该企业引进德国制动系统产品、检测设备及自动化装配线。多年来，通过对引进技术的消化吸收，该企业已形成了自主的开发体系和产品平台，具备制动系产品的系统供货能力，能够按用户要求进行设计和加工，并对提供的整车参数进行制动系统的校核；产品具有自主知识产权，该企业的制动系产品检测、试验工艺处于国内领先地位。该企业的研发中心被评为吉林省省级技术中心。

4.AP Racing

AP Racing 成立于 30 年前，AP 制动系统已是当今知名的改装制动产品生产商之一。竞技比赛是制动系统最好的测试标准与检验方法，AP 制动产品与知名的汽车运动竞赛多年来一直紧密合作，这些都是为了创造更多高性能的摩擦产品，让车辆制动与摩擦驱动科技提升到更高的水平。这些努力都是让 AP Racing 一直屹立在改装制动领域的主要原因。

AP Racing 旗下产品包括制动卡钳、制动碟、套装制动套件、制动片、制动油、套装的离合器套件、专门用于竞赛的高摩擦系数离合器。汽车改装是一门艰难的课题，该行业里只有最优秀者才能继续生存下来。AP Racing 集中了所有资源，保证供应最好的产品给知名的汽车大厂与喜爱汽车运动的车主。从严格的产品测量中心，到精密的计算机数值控制的加工制造，再到复杂谨慎的手工装配，AP Racing 对于旗下产品的检查和测试，都是为了当制动性能需要发挥到极限时，保证它的产品性能不会因本身的质量问题而影响人的生命安全。在 AP 制动系统中，最重要的资源就是员工，正是他们的技能和专注精神使制动系统和离合器质量在行业中处于领先位置，AP 制动系统已经成为安全和最高性能的制动系统代名词。

三、汽车控制过程

汽车在行驶过程中，当遇到行驶路线、道路方向的改变，或者为了避让行人、障碍物及转向车轮受到路面侧向力的作用而发生自动偏转时，汽车的行驶方向需要经常改变，即所谓的汽车转向。就轮式汽车而言，驾驶员可以通过一套机构使转向轮（一般是前轮）偏转一个角度来改变其行驶方向。该机构用来改变或恢复汽车的行驶方向，称为汽车转向系统。因此，汽车转向系统的功能是保证汽车能够按照驾驶员的意志进行转向行驶。

（一）转向系统的分类及组成

按转向能源的不同，汽车转向系统可分为机械式转向系统和动力转向系统两大类。

1. 机械式转向系统

以驾驶员的体力（手力）作为转向能源的转向系统称为机械式转向系统，其中所有传力件都是机械的。机械转向系统由转向操纵机构、转向器和转向传动机构组成。

当汽车转向时，驾驶员对转向盘施加一个转向力矩。该力矩通过转向轴、转向万向节和转向传动轴输入转向器，经转向器放大后的力矩和减速后的运动传到转向摇臂，再经过转向直拉杆传给固定于左转向节上的转向节臂，使左转向节和它所支承的左转向轮偏转。为使右转向节及其支承的右转向轮随之偏转相应的角度，还设置了转向梯形。转向梯形由固定在左、右转向节上的梯形臂和两端与梯形臂通过球铰链连接的转向横拉杆组成。

从转向盘到转向传动轴这一系列部件和零件，均属于转向操纵机构；由转向摇臂至转向梯形这一系列部件和零件（不含转向节），均属于转向传动机构。

2. 动力转向系统

7

　　兼用驾驶员体力和发动机（或电动机）的动力为转向能源的转向系统称为动力转向系统，它是在机械转向系统的基础上加设一套转向加力装置而形成的。在正常情况下，汽车转向所需能量只有一小部分由驾驶员提供，而大部分是由发动机（或电动机）通过转向加力装置提供的。但在转向加力装置失效时，一般还能由驾驶员独立承担汽车转向任务。

　　图 1-4 所示为北京吉普切诺基汽车采用的动力转向系统的组成和液压转向加力装置的管路布置，其中属于转向加力装置的部件是转向油泵、转向油管、转向油罐及位于动力转向器内部的转向控制阀和转向动力缸等。当驾驶员转动转向盘时，通过动力转向系统中的转向器和转向横拉杆使前轮偏转，以实现转向。与此同时，转向器输入轴还带动转向器内部的转向控制阀转动，使转向动力缸内产生液压作用力，帮助驾驶员进行转向操纵。这样，为了克服地面作用于转向轮上的转向阻力矩，驾驶员需要加于转向盘上的转向力矩比采用机械式转向系统时所需的转向力矩小得多。另外，采用液压动力转向系统还可提高汽车行驶的安全性。

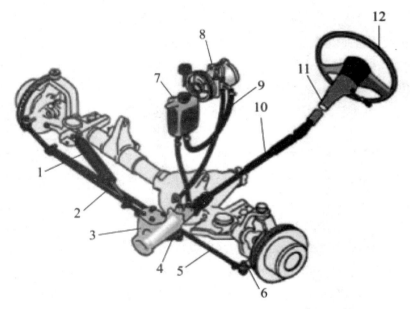

图 1-4　动力转向系统的组成和液压转向加力装置的管路布置

1—转向减震器；2—转向直拉杆；3—转向器；4—转向摇臂；5—转向横拉杆；6—转向节臂；7—转向油罐；8—转向油泵；9—转向油管；10—转向中间轴；11—转向轴；12—转向盘

（二）转向器

　　转向器的功能是改变力的传递方向和大小，获得所要求的速度和角度，进而通过传动机构带动转向轮偏转。现代汽车上应用最多的机械转向器有循环球 - 齿条齿扇式和齿轮齿条式。

1. 循环球 - 齿条齿扇式转向器

这种转向器中一般有两级传动副,第一级是螺杆螺母传动副,第二级是齿条齿扇传动副。为减少转向螺杆和转向螺母之间的摩擦,两者的螺纹并不直接接触。转向螺母的内径大于转向螺杆的外径,转向螺母松套在转向螺杆上,其间装有许多钢球。转向螺母外有两根钢球导管,导管插入转向螺母侧面的一对通孔中,导管内也装满了钢球。当转动转向螺杆时,通过钢球将力传给转向螺母,转向螺母沿轴向移动,螺母上的齿条与齿扇啮合带动转向摇臂轴(齿扇轴)转动。同时,两列钢球在摩擦力的作用下,在两条独立的螺旋状通道和钢球导管内循环滚动,形成"球流"。

2. 齿轮齿条式转向器

齿轮齿条式转向器主要由齿条、齿轮和壳体等组成。转向轮与齿条啮合,当转动转向盘时,齿轮转动,使与之啮合的齿条沿轴向移动。与齿条相连的转向横拉杆带动转向节转动,使转向轮偏转,实现汽车转向行驶。

(三)转向传动机构

转向传动机构的功能是将转向器输出的力和运动传到转向桥两侧的转向节,使两侧转向轮偏转,且使两侧转向轮偏转角按一定关系变化,以保证汽车转向时车轮与地面的相对滑动尽可能小。转向传动机构的组成和布置因转向器的结构形式、安装位置及悬架类型而异,可以分为与非独立悬架配用的转向传动机构和与独立悬架配用的转向传动机构。前者主要包括转向摇臂、转向直拉杆、转向节臂和转向梯形臂;后者由于是在独立悬架的汽车上使用,每个转向轮都需要相对车架做独立运动,因此转向桥必须是断开式的。

(四)动力转向系统

用来将发动机(或电动机)输出的部分机械能转化为压力能,并在驾驶员的控制下,对转向传动装置或转向器中某一传动件施加不同方向的液压或气压作用力,以帮助驾驶员进行转向的一系列零部件总称为动力转向系统,又称为助力转向系统。

按助力能源的不同,动力转向系统可分为气压助力、液压助力和电动助力三种。气压助力转向系统主要应用于一部分前轴最大轴载质量为 3~7 t,并采用气压制动系统的货车和客车。液压助力转向系统的工作压力可高达 100 MPa 以上,故其部件尺寸很小。液压助力转向系统工作时无噪声,工作滞后时间短,而且能吸收来自不平路面的冲击。因此,液压助力转向系统已在各类各级汽车上获得广泛应用。

根据机械式转向器、转向动力缸和转向控制阀三者在转向装置中的布置和连接关系的不同,液压助力转向系统分为整体式、组合式和分离式三种结构形式。

整体式液压助力转向系统的转向控制阀、转向动力缸与机械转向器组合成一个整体,安装在转向轴的下端。这种转向系统结构紧凑,输油管路简单,在汽车上容易布置,但要从汽车上将它拆下修理则较为困难。另外,转向传动装置中的所有零件都要承受由转向动力缸增强了的转向力,所以这些零件的结构强度要加大,转向器本身对密封性能的要求也要提高。因此,整体式液压助力转向系统在高级轿车上应用广泛,最近在重型汽车上也开始应用。

组合式液压助力转向系统是将机械转向器、转向动力缸及转向控制阀三者中的两者组合制成一个整体,常见的有两种形式:一种是将转向动力缸与转向控制阀组合成一个整体(称为转向加力器)布置在转向传动机构中,而机械转向器作为独立部件;另一种是将转向控制阀与机械转向器组合成一个部件(称为半整体式动力转向器),转向动力缸则作为独立部件。

分离式液压助力转向系统的转向动力缸、转向控制阀与机械转向器都是单独设置的。这种转向系统在结构紧凑、安装位置狭窄的轻型载货汽车和轿车上有所采用,但应用范围很小。

电动助力转向系统是利用直流电动机提供转向动力,辅助驾驶员完成转向操作的转向系统。根据助力机构的不同,其可分为电动液压式转向系统和电动机直接助力式转向系统。其中电动机直接助力式转向系统根据电动机布置位置的不同,又可以分为转向轴助力式转向系统、齿轮助力式转向系统和齿条助力式转向系统三种,如图1-5所示。

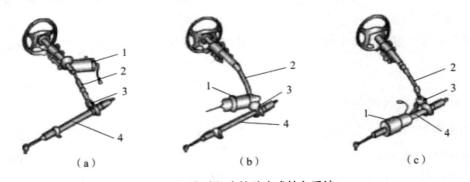

图1-5　电动机直接助力式转向系统

1—电动机;2—转向轴;3—齿轮;4—齿条

(a)转向轴助力式转向系统;(b)齿轮助力式转向系统;(c)齿条助力式转向系统

第二节　汽车"心脏"的构造

一、发动机的分类

发动机称为汽车的"心脏",图1-6为发动机的结构简图。发动机的分类方法很多,按照其所用燃料、行程、冷却方式、燃料着火方式等的不同,可以把发动机分成不同的类型。

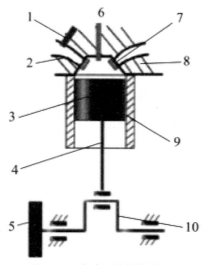

图1-6　发动机的结构简图

1—电喷嘴;2—进气门;3—活塞;4—连杆;5—飞轮;6—火花塞;7—排气门;8—缸盖;9—气缸套;10—曲轴

(一)按照所用燃料分类

发动机按照所用燃料的不同主要分为汽油发动机和柴油发动机两大类。现代汽油发动机是将汽油直接喷入进气歧管或气缸内,与空气混合形成可燃混合气,再用电火花点燃,这种发动机称为汽油喷射式发动机。柴油发动机是通过喷油泵和喷油器将柴油直接喷入气缸,与气缸内经过压缩的空气混合,使之在高温下自燃做功。

汽油发动机与柴油发动机各有特点。汽油发动机转速高、质量小、噪声小、起动容易、制造成本低,柴油发动机压缩比大、热效率高、经济性能好。

(二)按照行程分类

发动机按照完成一个工作循环所需的行程数可分为四行程内燃机和二行程内燃机。

曲轴转两圈（720°），活塞在气缸内上下往复运动 4 个行程，完成一个工作循环的内燃机称为四行程内燃机；曲轴转一圈（360°），活塞在气缸内上下往复运动 2 个行程，完成一个工作循环的内燃机称为二行程内燃机。汽车发动机广泛使用四行程内燃机。

（三）按照冷却方式分类

发动机按照冷却方式的不同可分为水冷发动机和风冷发动机。水冷发动机（图 1-7）是利用在气缸体和气缸盖冷却水套中进行循环的冷却液作为冷却介质进行冷却的；风冷发动机（图 1-8）是利用流动于气缸体与气缸盖外表面散热片之间的空气作为冷却介质进行冷却的。水冷发动机冷却均匀，工作可靠，冷却效果好。

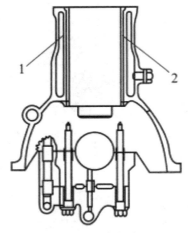

图 1-7　水冷发动机

1—水套；2—气缸套

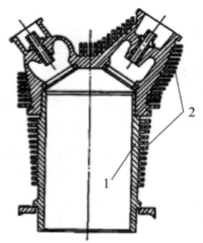

图 1-8　风冷发动机

1—气缸套；2—散热片

（四）按照燃料着火方式分类

发动机按照燃料着火方式的不同可分为点燃式发动机和压燃式发动机。点燃式发动机是压缩气缸内的可燃混合气，并用外源点火燃烧的发动机；压燃式发动机是压缩气缸内的空气或可燃混合气，产生高温，引起燃料着火的发动机。

（五）按照气缸排列方式分类

发动机按照气缸排列方式的不同可分为单列（直列）式和双列式。单列式发动机的各个气缸排成一列，一般是垂直布置的，但为了降低高度，有时也把气缸布置成倾斜的甚至水平的（卧式）；双列式发动机把气缸排成两列，两列之间的夹角小于180°（一般为90°）的称为V形发动机，若两列之间的夹角等于180°则称为对置式发动机。图1-9所示为气缸的几种排列方式。

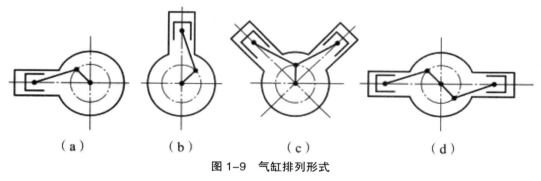

图1-9 气缸排列形式

（a）卧式；（b）直列式；（c）V形；（d）对置式

（六）按照进气方式分类

发动机按照进气系统是否采用增压方式可分为自然吸气式发动机和增压式发动机。自然吸气式发动机吸入气缸前的空气未经压缩，直接来自大气；增压式发动机吸入气缸前的空气先经过压气机压缩，提高密度后再吸入气缸。

（七）按照气缸数目分类

发动机按照气缸数目的不同可以分为单缸发动机和多缸发动机。仅有一个气缸的发动机称为单缸发动机；有两个以上气缸的发动机称为多缸发动机，如双缸、三缸、四缸、五缸、六缸、八缸、十二缸等都是多缸发动机。现代车用发动机多采用四缸、六缸、八缸发动机。

二、发动机的工作原理

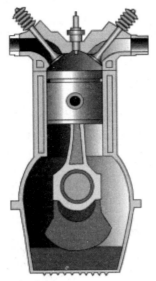

图 1-10　四行程发动机

（一）四行程汽油发动机的工作原理

为使发动机产生动力，必须先将燃料和空气供入气缸，经压缩后使之燃烧发出热能，以气体为工作介质并通过活塞和连杆使曲轴旋转，从而使热能转变为机械能，最后将燃烧后的废气排出气缸。至此，发动机完成了一个工作循环。此循环周而复始地进行，发动机便连续产生动力。活塞在气缸内往复 4 个行程（相当于曲轴旋转两周）完成一个工作循环的发动机称为四行程发动机，如图 1-10 所示。

四行程发动机每个工作循环中的 4 个活塞行程分别是进气行程、压缩行程、做功行程和排气行程。四行程汽油发动机的工作原理如图 1-11 所示，其示功图如图 1-12 所示，其中 V 为气缸容积，P 为气缸内气体压力，S 为活塞行程。

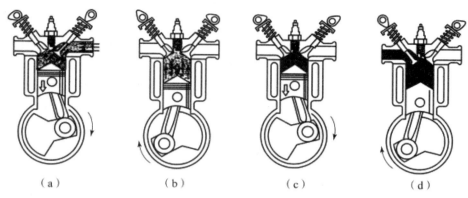

（a）　　　　　　（b）　　　　　　（c）　　　　　　（d）

图 1-11　四行程汽油发动机的工作原理

（a）进气行程；（b）压缩行程；（c）做功行程；（d）排气行程

1. 进气行程

　　四行程汽油发动机的空气和燃料在气缸外部进行混合，形成可燃混合气，然后被吸入气缸。如图 1-11（a）所示，进气行程中，转动的曲轴带动活塞从上止点向下止点移动，此时进气门打开，排气门关闭。活塞在运动过程中，气缸的容积由小到大，形成一定真空度而产生吸力，将可燃混合气经进气管和进气门吸入气缸。在进气过程中，由于进气系统的阻力影响，进气终了时，气缸内气体压力略低于大气压，为 0.075~0.090 MPa，同时受到残余废气和高温机件加热的影响，温度达到 370~400 K。

　　气缸内的气体压力随气缸容积或曲轴转角的变化关系称为示功图，它能直观地显示气缸内气体压力的变化。进气行程的示功图如图 1-12（a）所示，曲线 ra 表示进气行程中气缸内气体压力的变化。

　　实际四行程汽油发动机的进气门是在活塞到达上止点之前打开，并且延迟到下止点之后关闭，以便吸入更多的可燃混合气。

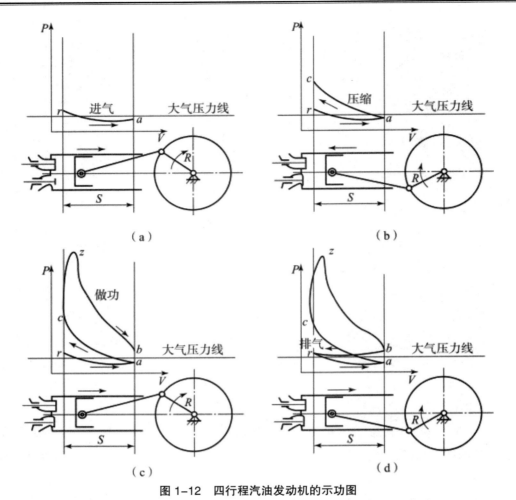

图 1-12　四行程汽油发动机的示功图

（a）进气行程；（b）压缩行程；（c）做功行程；（d）排气行程

2. 压缩行程

如图 1-11（b）所示，进气行程结束后，随着曲轴的继续旋转，活塞从下止点向上止点移动，这时进气门和排气门都关闭，气缸内成为封闭容积。随着活塞的上移，气缸容积不断缩小，可燃混合气受到压缩，压力和温度不断升高，当活塞到达上止点时压缩行程结束。压缩终了时，气缸内气体的压力为 0.8~1.5 MPa，温度为 600~750 K。压缩行程的示功图如图 1-12（b）所示，曲线 ac 表示压缩行程中气缸内气体压力的变化。

压缩比越大，压缩终了时气缸内的压力和温度越高，燃烧速度越快，发动机功率也越大。但压缩比太大，容易引起爆燃。爆燃就是由于气体压力和温度过高，可燃混合气在没有点燃的情况下自行燃烧，且火焰以高于正常燃烧数倍的速度向外传播，造成尖锐的敲缸声，这会使发动机过热，功率下降，汽油消耗量增加及机件损坏。轻微爆燃是允许的，但强烈爆燃对发动机是很有害的。汽油发动机的压缩比 ε 一般为 8~12。

3. 做功行程

做功行程包括燃烧过程和膨胀过程,在这一行程中,进气门和排气门仍然保持关闭。如图 1-11(c)所示,当压缩行程终了活塞接近上止点时,安装在气缸盖上的火花塞产生电火花点燃混合气,气缸中燃料燃烧放出热能,使气体受热膨胀,压力和温度急剧上升。在高温高压气体作用力的推动下,活塞向下止点运动,通过连杆使曲轴做旋转运动,产生转矩而做功。发动机至此完成了一次将热能转变为机械能的过程。

在做功行程中,燃烧气体的压力可达 3.0~6.5 MPa,温度可达 2 200~2 800 K。随着活塞向下止点移动,气缸容积不断增大,气体压力和温度逐渐降低。在做功行程结束时,压力为 0.35~0.50 MPa,温度为 1 200~1 500 K。

做功行程的示功图如图 1-12(c)所示,曲线 czb 表示做功行程气缸内气体压力的变化。

4. 排气行程

如图 1-11(d)所示,排气行程开始,排气门打开,进气门仍然关闭,曲轴带动活塞由下止点向上止点运动,此时混合气燃烧后的废气在其自身剩余压力和活塞的推动下经排气门排出气缸。活塞到达上止点附近时,排气行程结束,排气门关闭。

排气行程终了时,在燃烧室内尚残留少量废气,称为残余废气。因为排气系统有阻力,所以残余废气的压力比大气压力略高,为 0.105~0.120 MPa,温度为 900~1 100 K。

排气行程的示功图如图 1-12(d)所示,曲线 br 表示排气行程气缸内气体压力的变化。

随着曲轴继续旋转,活塞从上止点向下止点运动,又开始了下一个工作循环。可见,四行程汽油发动机经过进气、压缩、做功、排气 4 个行程完成了一个工作循环。这期间活塞在上、下止点间往复运动了 4 个行程,相应地曲轴旋转了 2 圈。

(二)四行程柴油发动机的工作原理

四行程柴油发动机与四行程汽油发动机一样,每个工作循环也经过进气、压缩、做功、排气 4 个行程,在各个活塞行程中,进、排气门的关闭和曲柄连杆机构的运动与四行程汽油发动机完全相同。由于柴油发动机所用燃料是柴油,其特点是黏度比汽油大且不易蒸发,但自燃温度比汽油低,因此可燃混合气的形成、着火方式、燃烧过程及气体温度压力的变化都和四行程汽油发动机不同,下面主要分析四行程柴油发动机和四行程汽油发动机在工作过程中的不同。

图 1-13 所示为四行程柴油发动机。四行程柴油发动机在进气行程中与四行程汽油发动机的不同是,四行程柴油发动机吸入气缸的是纯空气而不是可燃混合气。由于进气系统阻力较小,进气终了时气体压力略高于四行程汽油发动机,而气体温度略低于四行程汽油发动机。进气终了时气体压力为 0.085~0.095 MPa,气体温度为 300~370 K。

四行程柴油发动机的压缩行程压缩的也是纯空气,在压缩行程接近上止点时,喷油器将高压柴油以雾状喷入燃烧室,柴油和空气在气缸内形成可燃混合气并着火燃烧。四行程柴油发动机的压缩比四行程汽油发动机的压缩比大很多(一般为16~22),压缩终了时气体温度和压力都比四行程汽油发动机高,大大超过了柴油的自燃温度。压缩终了时,气体压力为3.5~4.5 MPa,气体温度为750~1 000 K,四行程柴油发动机是压缩后自燃着火的,不需要点火,故四行程柴油发动机又称为四行程压燃机。

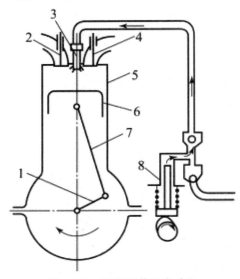

图1-13 四行程柴油发动机

1—曲柄;2—进气门;3—喷油器;4—排气门;5—气缸;6—活塞;7—连杆;8—喷油泵

柴油喷入气缸后,在很短的时间内与空气混合后便立即着火燃烧,四行程柴油发动机的可燃混合气是在气缸内部形成的,而不像四行程汽油发动机那样,可燃混合气主要在气缸外部形成。四行程柴油发动机燃烧过程中,气缸内出现的最高压力要比四行程汽油发动机高得多,可高达6~9 MPa,最高温度可高达2 000~2 500 K。做功终了时,气体压力为0.2~0.4 MPa,气体温度为1 200~1 500 K。

四行程柴油发动机的排气行程和四行程汽油发动机一样,废气同样经排气管排入大气中,排气终了时,气缸内气体压力为0.105~0.125 MPa,气体温度为800~1 000 K。

四行程柴油发动机与四行程汽油发动机相比,四行程柴油发动机的压缩比高,热效率高,燃油消耗率低,同时柴油价格较低。因此,四行程柴油发动机的燃料经济性能好,而且四行程柴油发动机的排气污染小,排放性能较好。但它的主要缺点是转速低、重量大、噪声大、振动大、制造和维修费用高。在其发展过程中,四行程柴油发动机不断发扬优点,克服缺点,提高速度,有望得到更广泛的应用。

（三）多缸发动机的工作原理

四行程发动机在一个工作循环的 4 个行程中，只有一个行程是做功的，其余 3 个行程则是做功的辅助行程，即曲轴转两圈，只有半圈做功。做功行程中，曲轴的转速比其他 3 个行程内曲轴的转速要高，所以曲轴转速是不均匀的，因此发动机运转不平稳。功率越大，平稳性就越差。为了使运转平稳，单缸发动机一般都装有一个大飞轮，而这样将使整个发动机的质量和尺寸增加。显然，单缸发动机工作振动大，而采用多缸发动机可以弥补上述缺点。因此，现代汽车上基本不用单缸发动机，用得最多的是四缸、六缸、八缸发动机。

多缸发动机由多个结构相同的气缸组成，它们一般共用一个机体、一根曲轴。在多缸四行程发动机的每个气缸内，所有的工作过程都是相同的，并按进气、压缩、做功、排气的次序进行；但所有气缸的做功行程并不同时发生，而应该使各缸的做功行程均匀分布，按照一定的工作顺序做功，即曲轴在 720° 转角内交替做功，因此其运转平稳，振动小。例如，在四缸发动机内，曲轴每转半周便有一个气缸在做功，其工作顺序有 1—3—4—2 和 1—2—4—3 两种，前者各缸的工作循环见表 1-1。在八缸发动机内，曲轴每转 1/4 周便有一个做功行程。气缸数越多，做功间隔角越小，同时参与做功的气缸越多，发动机运转越平稳；但发动机气缸数增多，将使其结构复杂，尺寸及重量增加。

表 1-1　四缸发动机的工作循环（工作顺序 1—3—4—2 ）

曲轴转角 /（° ）	第一缸	第二缸	第三缸	第四缸
0—180	做功	排气	压缩	进气
180—360	排气	进气	做功	压缩
360—540	进气	压缩	排气	做功
540—720	压缩	做功	进气	进气

（四）二行程发动机的工作原理

二行程发动机的工作循环是在两个活塞行程即曲轴旋转一周的时间内完成的，图 1-14 所示为二行程发动机，图 1-15 所示为曲轴箱换气式二行程汽油发动机的工作原理。由图 1-14 可见，曲轴箱换气式二行程汽油发动机不设进、排气门，而在气缸的下部开设 3 个孔——进气孔、排气孔和扫气孔，并由活塞来控制 3 个孔的开闭，以实现换气过程。这种发动机的工作过程如下。

图 1-14　二行程发动机

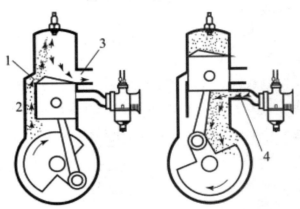

图 1-15　曲轴箱换气式二行程汽油发动机的工作原理

1—扫气口；2—扫气通道；3—排气口；4—进气口

1. 做功 - 换气行程

活塞到达上止点，用电火花点燃混合气（柴油发动机此时则向气缸内喷入柴油并随即自行着火），燃烧气体产生的压力将活塞从上止点推向下止点。活塞下行到接近下止点时，废气经排气口（或排气门）排出，同时曲轴箱内受压的新鲜混合气从扫气口冲入气缸，进一步扫除废气，实现气缸的换气。

2. 换气 - 压缩行程

活塞从下止点向上止点移动，当扫气口与排气口（柴油机采用排气门，位于气缸顶部）关闭后，即对可燃混合气（或纯空气）进行压缩，利用活塞下部产生的部分真空，同时将新鲜混合气吸入曲轴箱内，为换气过程做准备。

二行程发动机曲轴每转一圈做功一次，四行程发动机曲轴每转两圈做功一次。因此，当曲轴转速相同时,二行程发动机单位时间的做功次数是四行程发动机的两倍。由于二行程发动机曲轴每转一周做功一次,因此曲轴旋转的角速度比较均匀。但二行程发动机的换气过程时间短,仅为四行程发动机的1/3左右。另外,二行程发动机的进、排气过程几乎同时进行,利用新气扫除废气,新气可能流失,废气也不易清除干净。因此,二行程发动机的换气质量较差。

三、发动机的性能指标

发动机的性能指标是用来衡量发动机性能好坏的标准。发动机的主要性能指标有动力性能指标、经济性能指标和排放性能指标。

（一）动力性能指标

动力性能指标指曲轴对外做功能力的指标,包括有效转矩、有效功率和转速。

1. 有效转矩

有效转矩是指发动机通过曲轴或飞轮对外输出的转矩, 通常用 Ttq 表示,单位为 N·m。有效转矩是作用在活塞顶部的气体压力通过连杆传给曲轴产生的转矩,并克服了摩擦、驱动附件等损失之后从曲轴对外输出的净转矩。

2. 有效功率

有效功率是指发动机通过曲轴或飞轮对外输出的功率, 通常用 Pe 表示,单位为 kW。有效功率同样是曲轴对外输出的净功率, 它等于有效转矩和曲轴角速度的乘积。发动机的有效功率可以在专用的试验台上用测功器测定,首先测出有效转矩和曲轴转速,然后计算出有效功率。

3. 转速

发动机曲轴每分钟的回转数称为发动机转速,用 n 表示,单位为 r/min。当发动机转速提高时,单位时间内完成的工作循环次数增多,发动机的有效功率会随之增大。因此,在说明发动机有效功率的大小时,必须同时指明其相应的转速。在发动机产品标牌上规定的有效功率及其相应的转速分别称为标定功率和标定转速,发动机在标定功率和标定转速下的工作状况称为标定工况。

（二）经济性能指标

发动机的经济性能指标包括有效热效率和有效燃油消耗率（比油耗）。

1. 有效热效率

燃料燃烧所产生的热量转化为有效功的百分数称为有效热效率,记为 ηe。显然,为获得一定数量的有效功所消耗的热量越少,有效热效率越高,发动机的经济性能越好。

现代汽油发动机的有效热效率一般为 0.30 左右,柴油发动机的有效热效率为 0.40 左右。

2. 有效燃油消耗率

发动机每发出 1 kW 有效功率在 1 h 内所消耗的燃油质量(以 g 为单位)称为有效燃油消耗率,通常用 be 表示,其单位为 g/(kW·h)。有效燃油消耗率越小,表示发动机曲轴输出净功率所消耗的燃油越少,其经济性能越好。通常发动机标牌上给出的有效燃油消耗率是最小值。

(三)排放性能指标

汽车有害排放物主要来自发动机,汽车的排放性能关系到人类的健康及其赖以生存的环境,为此各国政府都制定了严格的排放法规,以限制汽车有害排放物对环境的污染。当前,排放水平已成为发动机的重要性能指标。

目前主要限制发动机的一氧化碳、各种碳氢化合物、氮氧化合物及除水以外的任何液体和固体微粒的排放量。

第三节　汽车底盘结构认识

一、汽车总体构造

汽车是由数百个总成、上万个零部件装配而成的复杂机器,汽车的类型虽然很多,各类汽车的用途和总体构造也有所不同,但它们的基本结构是一致的,都由发动机、底盘、车身和电气设备四大部分组成。

1. 发动机

发动机是汽车的动力装置,现代汽车发动机广泛采用的是往复活塞式内燃机,其中主要是汽油发动机和柴油发动机。内燃机的作用是使供入其中的燃料经过燃烧而产生的热能转变为机械能,然后通过底盘的传动系统驱动车轮,使汽车行驶。内燃机一般由机体组件、曲柄连杆机构、配气机构、燃料供给系统、冷却系统、润滑系统和点火系统(柴油机无点火系统)、起动系统组成。

2. 底盘

底盘是汽车的基础,用来支撑车身和安装汽车其他各部件及总成。底盘接受发动机输出的动力,使汽车产生运动,并保证正常行驶。底盘由传动系统、行驶系统、制动系统和转向系统四大系统组成。

3. 车身

车身主要用来覆盖、包装和保护汽车的零部件,既具有结构性功能,又具有装饰性功能,其外形应能保证汽车在高速行驶时空气阻力小,且造型美观,并能反映当代车身造型的发展趋势。车身是驾驶员的工作场所,也是容纳乘客和装载货物的场所,所以车身应为驾驶员提供方便的操作条件,为乘员提供舒适安全的环境,以及保证货物完好无损且装卸方便。轿车、客车的车身一般由整体式外壳和一些附件构成,货车车身一般由驾驶室和货箱两部分组成。汽车车身的结构主要包括车身壳体、车门、车窗、车身内外饰件、座椅、仪表板、通风、空调装置等。

4. 电气设备

电气设备是对汽车实施动力传递控制和行驶控制,提供安全显示和方便操作并保证驾驶员操作舒适的装置。这些装置确保了安全性、便捷性、可载性与可靠性。电气设备由电源和用电设备两大部分组成。电源包括蓄电池和发电机;用电设备包括发动机的起动系统、汽油机的点火系统和其他用电装置,如照明、信号、仪表、空调、音响、刮水器等。随着电子技术在汽车工业上的广泛应用,汽车电气设备越来越先进,在现代汽车上越来越多地装用各种电子设备,如微机处理设备、中央计算机系统,以及各种人工智能装置等,从而显著地提高了汽车的性能。

以上所述是当前大多数汽车的总体构造,而汽车结构的发展过程是不断出现矛盾和解决矛盾的过程。因此,汽车结构是解决在使用、制造和维修过程中出现的一系列矛盾的结果,其结构形式并不是一成不变的。随着科学技术的发展,汽车的总体和部件的构造必将不断完善。

二、汽车底盘

汽车底盘主要包括传动系统、行驶系统、制动系统、转向系统四大系统。传动系统主要由离合器、变速器、万向传动装置和驱动桥组成,行驶系统主要由车架、车桥、车轮和悬架组成,制动系统主要由制动器和制动传动装置组成,转向系统主要由转向器和转向传动装置组成。

(一)传动系统

传动系统的基本功能是将发动机输出的转矩传递给驱动轮。其首要任务是与发动机协同工作,以保证汽车能在不同的使用条件下正常行驶,并具有良好的动力性和燃油经济性。因此,任何形式的传动系统都必须具有减速增矩、变速变矩、实现倒车、必要时中断传动系统的动力传递、实现差速等作用。

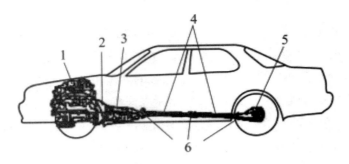

图 1-16　机械式传动系统的基本组成及布置

1—发动机；2—离合器；3—变速器；4—传动轴；5—驱动桥；6—万向节

根据传动系统中传动元件的特征，传动系统通常有机械式、液力式和电力式等几种形式。机械式传动系统的基本组成及布置如图 1-16 所示，主要包括发动机、离合器、变速器、万向传动装置（包括万向节和传动轴）和驱动桥。

（二）行驶系统

行驶系统的基本功能是支承汽车总重量并保证汽车正常行驶。其主要作用有将传动系统传来的转矩转化为汽车行驶的驱动力，保证汽车正常行驶；支承汽车总重量，承受并传递路面作用于车轮上的各种力及力矩；减少振动，缓和冲击，以改善汽车行驶的舒适性，并提高车辆各部件的使用寿命；与转向系统配合工作，正确控制行驶方向，保证汽车的操纵稳定性。轮式汽车行驶系统一般由车桥、车架、车轮和轮胎组成。

1. 车桥

车桥（也称车轴）通过悬架和车架（或承载式车身）相连，两端安装车轮，其功能是传递车架（或承载式车身）与车轮之间各个方向的作用力及其力矩。根据车桥上车轮的作用，车桥可分为转向桥、驱动桥、转向驱动桥和支持桥等。

转向桥是利用车桥中的转向节使车轮偏转一定的角度，实现汽车的转向。它除承受垂直载荷外，还承受纵向力和侧向力及这些力造成的力矩。转向桥通常位于汽车前部，因此也常称为前桥。各种车型的整体式转向桥的结构基本相同，主要由前轴、转向节等组成（图 1-17）。

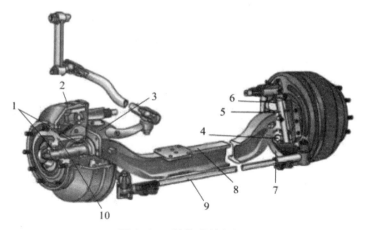

图 1-17　整体式转向桥

1—轮毂轴承；2—制动毂；3—转向节；4—止动轴承；5—主销；6—衬套；7—梯形臂；
8—前轴；9—转向横拉杆；10—轮毂

在许多轿车和全轮驱动越野汽车上，前桥除作为转向桥外，还兼起驱动桥的作用，故称为转向驱动桥，如图 1-18 所示。它同一般驱动桥一样，有主减速器和差速器，但由于转向时转向车轮需要绕主销偏转一个角度，因此与转向轮相连的半轴必须分成内、外两段（内半轴和外半轴），其间用球叉式万向节（一般多用等角速万向节）连接，同时主销也因而分制成上、下两段。转向节轴颈部分做成中空的，以便外半轴穿过其中。

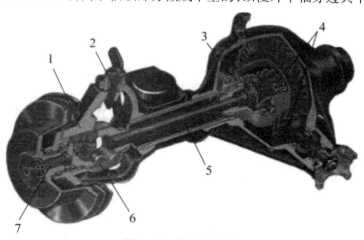

图 1-18　转向驱动桥

1—转向节；2—主销；3—差速器；4—主减速器；5—内半轴；6—万向节；7—外半轴

目前，许多现代轿车采用了发动机前置前轮驱动的布置形式，其前桥既是转向桥又是驱动桥。该类型的转向驱动桥多与麦弗逊式独立悬架配合使用，因其前轮内侧空间较大，便于布置，所以具有良好的接近性和维修方便性。

上汽大众新桑塔纳轿车的前转向驱动桥，其动力经主减速器和差速器传至左、右内半轴及左、右外半轴,传动轴和左、右内等角速万向节,并经球笼式左、右外等角速万向节及左、右外半轴凸缘传到左、右两轮毂,使驱动车轮旋转。当转动转向盘时,通过齿轮齿条式转向器和转向横拉杆使前轮偏转,以实现转向。捷达、奥迪、红旗 CA7220 型等轿车的前桥均为转向驱动桥,其构造与上述结构类似。

既无转向功能又无驱动功能的桥称为支持桥。前置前驱轿车的后桥为典型的支持桥,图 1-19 所示为上汽大众新桑塔纳轿车的后支持桥。

2. 车架

车架的功能是支承连接汽车的各零部件,并承受来自车、内外的各种载荷。车架是整个汽车的连接基础,发动机,变速器,转向器,传动轴和前、后桥等部件都要装在汽车车架上。车架通常由纵梁和横梁组成。一些客车和轿车将车身和车架制造成一体,不另设车架,称为承载式车身。不少汽车将车架作为独立的构件,车身或驾驶室通过弹性支承安装于车架上,可减轻车身内的噪声和振动。独立的车架也有利于组织专业化生产并使装配工艺简化。

目前,汽车车架按其结构形式一般分为三种类型,即边梁式车架、中梁式车架和综合式车架。其中,以边梁式车架应用最广,边梁式车架由两根位于两边的纵梁和若干根横梁组成,用铆接法或焊接法将纵梁与横梁连接成坚固的刚性构架。

3. 车轮和轮胎

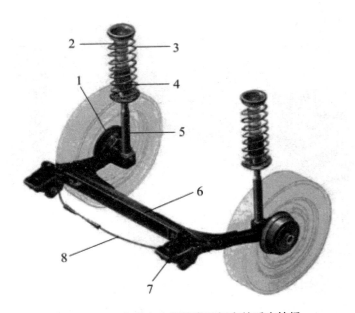

图 1-19　上汽大众新桑塔纳轿车的后支持桥

1—制动器;2—缓冲限位块;3—弹簧;4—橡胶护罩;5—减震器;6—后桥总成;7—支承座;

8—手制动拉索

车轮和轮胎（车轮总成）是汽车行驶系统中的重要部件，其功能是支承整车；缓和由路面传来的冲击力；轮胎与路面间存在的附着作用产生驱动力和制动力；汽车转弯行驶时产生平衡离心力的侧抗力，在保证汽车正常转向行驶的同时，车轮产生的自动回正力矩使汽车保持直线行驶；在越障时提高通过性等。

车轮是介于轮胎和车轴之间承受负荷的旋转组件，通常由两个主要部件——轮辋和轮辐组成。轮辋是在车轮上安装和支承轮胎的部件，轮辐是在车轮上介于车轴和轮辋之间的支承部件。轮辋和轮辐可以是整体式的、永久连接式的或可拆卸式的。车轮除上述部件外，有时还包含轮毂。

按轮辐的构造，车轮可分为两种主要形式：辐板式和辐条式；按车轴一端安装一个或两个轮胎，车轮又分为单式车轮和双式车轮。目前，轿车和货车上广泛采用辐板式车轮和辐条式车轮。此外，还有对开式车轮、可反装式车轮、组装轮辋式车轮和可调式车轮等。

用来连接轮辋和轮毂的圆盘称为辐板。辐板大多是冲压制成的，也有铸造的。轿车的车轮辐板所用钢板较薄，常冲压成起伏多变的形状，以提高刚度。有些轿车为了减轻车轮的质量和有利于制动鼓的散热，采用铝合金铸造加工。为了保证高速行驶的平衡性能，还加有平衡块。上汽大众新桑塔纳轿车的车轮和轮胎如图 1-20 所示。轮辋和辐板焊接在一起，并用螺栓将其安装在车轮轮毂或制动鼓上，组成车轮。平衡块用于对车轮进行动平衡，车轮饰板装在辐板外面。

辐条式车轮的轮辐是钢丝辐条或者与轮毂铸成一体的铸造辐条。钢丝辐条车轮由于价格高、维修安装不便，仅用于赛车和某些高级轿车（如美国别克轿车、德国宝马轿车）。铸造辐条式车轮用于装载质量较大的重型汽车。

汽车轮胎按用途可分为载货汽车轮胎和轿车轮胎，而载货汽车轮胎又分为重型、中型和轻型载货汽车轮胎。充气轮胎按组成结构的不同，又分为有内胎充气轮胎和无内胎充气轮胎两种。

（1）有内胎充气轮胎由内胎、外胎和垫带组成（图 1-21）。内胎中充满压缩空气；外胎是用来保护内胎使其不受外来损害的强度高而富有弹性的外壳；垫带放在内胎与轮辋之间，防止内胎被轮辋及外胎的胎圈擦伤和磨损。

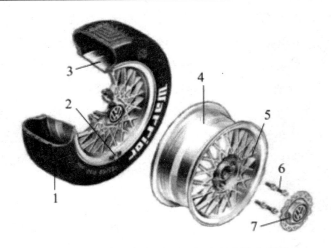

图 1-20　上汽大众新桑塔纳轿车的车轮和轮胎

1—子午线轮胎；2—平衡块；3—车轮；4—轮辋；5—辐条；6—螺栓；7—车轮饰板

图 1-21　有内胎充气轮胎

1，9—外胎；2，8—内胎；3，11—垫带；4—轮辐；5，10—轮辋；6，7—挡圈

（2）无内胎充气轮胎没有内胎，空气直接充入外胎中。无内胎充气轮胎在外观上和结构上与有内胎充气轮胎近似，所不同的是无内胎充气轮胎的外胎内壁上附加了一层厚 2~3 mm 的专门用来封气的橡胶气密层（图 1-22）。

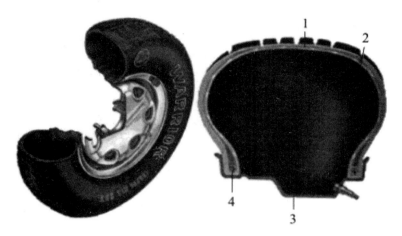

图 1-22　无内胎充气轮胎

1—胎面；2—气密室；3—轮辋；4—钢丝圈

橡胶气密层是用硫化的方法黏附上去的。有的无内胎充气轮胎在气密层正对着胎面的下面贴着一层用未硫化橡胶的特殊混合物制成的自黏层。当轮胎穿孔时，自黏层能自行将刺穿的孔黏合，故称为有自黏层的无内胎充气轮胎。无内胎充气轮胎的缺点是途中修理较为困难；自黏层只有在穿孔尺寸不大时方能黏合；天气炎热时自黏层可能软化向下流动，从而破坏车轮的平衡。因此，一般多采用无自黏层的无内胎充气轮胎。它的外胎内壁只有一层气密层，当轮胎穿孔后，由于其本身处于压缩状态而紧裹着穿刺物，因此能长期不漏气。即使将穿刺物拨出，无内胎充气轮胎只有在轮胎爆破时才会失效。近年来，无内胎充气轮胎在轿车和一些货车上的使用日益广泛。

充气轮胎按胎体中帘线排列的方向不同，还可分为斜交轮胎和子午线轮胎，现代汽车广泛采用斜交轮胎和子午线轮胎，轿车大多采用子午线轮胎。

斜交轮胎的特点是帘布层和缓冲层各相邻层帘线交叉排列，各帘布层与胎冠中心线成 35° ~40° 的交角，因此称为斜交轮胎，如图 1-23（a）所示。

子午线轮胎如图 1-23（b）所示。这种轮胎的胎体帘布层与胎面中心线呈 90° 或接近 90° 排列，帘线分布如地球的子午线，因此称为子午线轮胎。子午线轮胎帘线强度得到了充分利用，它的帘布层数小于普通斜交轮胎，使轮胎质量减小，胎体较柔软。子午线轮胎采用了与胎面中心线夹角较小（10° ~20° ）的多层带束层，用强力较高、伸张力小的结构帘布或钢丝帘布制造，可以承担行驶时产生的较大的切向力。带束层像钢带一样，紧紧镶在胎体上，极大地提高了胎面的刚性、驱动性及耐磨性。

子午线轮胎的优点是滚动阻力小、使用寿命长、行驶变形小、可减少油耗 3%~8%、散热性能好、负荷能力大。其缺点是胎侧薄，变形大，胎侧与胎圈受力比普通斜交轮胎大得多，容易在胎侧和与轮辋接触处产生裂纹；同时，其因胎侧变形大，其侧面稳定性较差；

另外,其成本也较高。

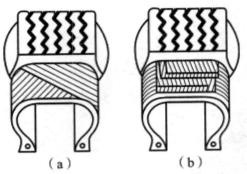

图1-23 斜交轮胎和子午线轮胎

(a)斜交轮胎; (b)子午线轮胎

(三)制动系统

汽车上用来使路面对车轮施加一定的力,从而对其进行强制制动的一系列专门装置称为制动系统。其作用是使行驶中的汽车按照驾驶员的要求进行强制减速甚至停车,使已停驶的汽车在各种道路条件下(包括在坡道上)稳定驻车,使下坡行驶的汽车速度保持稳定。

按制动能量的传输方式,制动系统可分为机械式、液压式、气压式及电磁式等。同时采用两种以上传输方式的制动系统称为组合式制动系统。

按制动回路的数目,制动系统可分为单回路制动系统和双回路制动系统。由于在双回路制动系统中,所有行车制动器的管路分属于两个彼此隔绝的回路,这样,其中一个回路失效后,还能利用另一个回路来保证汽车获得足够的制动力。因此,我国于1988年1月1日起,规定所有汽车必须采用双回路制动系统。

旋转元件固装在车轮或半轴上,即制动力矩分别直接作用于两侧车轮的制动器上,称为车轮制动器;旋转元件固装在传动系的传动轴上,其制动力矩需经过驱动桥再分配到两侧车轮上的制动器,则称为中央制动器。车轮制动器一般用于行车制动,也有兼用于第二制动(或应急制动)和驻车制动的。中央制动器一般只用于驻车制动和缓速制动。制动器有两种常见的结构形式:一种是鼓式制动器,另一种是盘式制动器。两种制动器的工作原理在前文中已经介绍过,此处不再介绍。

1.制动系统的组成

制动系统一般由制动操纵机构和制动器两个主要部分组成。

制动操纵机构由制动踏板机构、制动主缸、制动轮缸和制动管路等组成,用来产生制动动作,控制制动效果,并将制动能量传输到制动器的各个部件。

制动器是用来产生阻碍车辆运动或运动趋势的制动力的部件。汽车上常用的制动器都是利用固定元件与旋转元件工作表面的摩擦而产生制动力矩的摩擦制动器。

有些制动系统中还有制动警告装置,用以提醒驾驶员制动系统中某些元件已经出现故障,如制动管路漏油、摩擦片的磨损达到极限值等。

2. 制动系统的一般工作原理

制动系统的一般工作原理:利用与车身或车架相连的非旋转元件和与车轮或传动轴相连的旋转元件之间的相互摩擦,来阻止车轮的转动或转动的趋势,并将运动着的汽车的动能转化为摩擦副的热能耗散到大气中。

一个以内圆面为工作表面的金属的制动鼓固定在车轮轮毂上,随车轮一同旋转。在固定不动的制动底板上有两个支承销,其支承着两个弧形制动蹄的下端。制动蹄的外圆面上装有摩擦片。制动底板上还装有液压制动轮缸,用油管与装在车架上的液压制动主缸连通。主缸活塞可由驾驶员通过制动踏板机构操纵。

制动系统不工作时,制动鼓的内圆面与制动蹄摩擦片的外圆面之间保持一定的间隙,使车轮和制动鼓可以自由旋转。要使行驶中的汽车减速,驾驶员应踩下制动踏板,通过推杆和主缸活塞,使主缸内的油液在一定压力下流入轮缸,并通过两个轮缸活塞使两个制动蹄绕支承销转动,上端向两边分开而以其摩擦片压紧在制动鼓的内圆面上。这样,不旋转的制动蹄就对旋转着的制动鼓作用一个摩擦力矩,其方向与车轮旋转方向相反。制动鼓将该力矩传到车轮后,由于车轮与路面间有附着作用,车轮对路面作用一个向前的周缘力 F_d,同时路面也对车轮作用一个向后的反作用力,即制动力 F_b,制动力 F_b 由车轮经车桥和悬架传给车架及车身,迫使整个汽车产生一定的减速度。制动力越大,则汽车的减速度也越大。当松开制动踏板时,制动蹄回位弹簧即将制动蹄拉回原位,摩擦力矩和制动力消失,制动作用即行终止。

(四)转向系统

关于转向系统的内容见前文,此处不再赘述。图 1-24 所示为机械式转向系统的组成和布置。

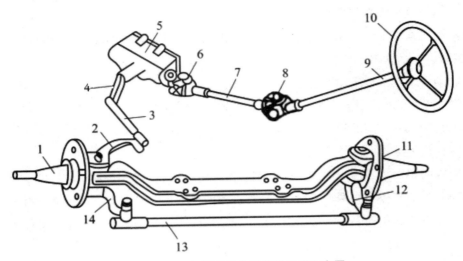

图 1-24　机械式转向系统的组成和布置

1—左转向节；2—转向节臂；3—转向直拉杆；4—转向摇臂；5—转向器；6，8—万向节；
7—转向传动轴；9—转向轴；10—转向盘；11—右转向节；12，14—转向梯形臂；13—转向横拉杆

循环球 - 齿条齿扇式转向器如图 1-25 所示,齿轮齿条式转向器如图 1-26 所示。

图 1-25　循环球 - 齿条齿扇式转向器

1—轴承；2—摇臂轴；3—端盖；4—转向器；5—转向螺杆；6—钢球；7—齿廓；8—端盖

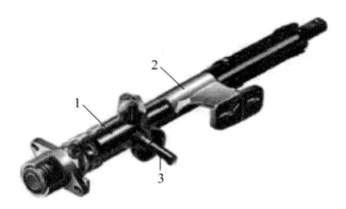

图 1-26　齿轮齿条式转向器

1—齿条；2—壳体；3—齿轮

第四节　汽车车身

一、汽车造型变迁

汽车车身造型是汽车设计的重要环节,在汽车总布置和车身总布置设计完成后,汽车的尺寸和基本形体就可确定,接着就可进行汽车造型。汽车造型就是在基本形体的基础上构造曲线、曲面、色彩和装饰体等,即赋予汽车具体的形象。造型和设计有相似之处,但也有区别。造型强调的是成型,而设计强调的是构思。造型可分为实用造型、精神造型和综合造型。实用造型只具有实用价值而不对人产生精神感染;精神造型只对人产生精神感染而没有实用价值;综合造型有双重作用,既有实用价值又对人产生精神感染。汽车造型即属于综合造型的一种。

汽车造型分为局部造型和整车造型两种。为了满足用户求新、求美的心理,局部造型是将现有生产销售的汽车赋予新的面貌,以区别于原有的旧车型,说明该车型已升级,以刺激市场对发行产品的需求,创造更大的经济效益。整车造型属于产品的更新换代,实现产品美感的全面升级,使其面貌在艺术上发生质的变化,以期对顾客产生强烈的视觉冲击和精神感染,推动市场销售。这种造型任务重、工作量大,同时投入的人力、物力和资金多。整车造型的成功与否至关重要,影响着企业在未来一段时间内的产品竞争力。

汽车以其形体占领人们的视觉空间,客观上不但要求实用,而且要求美观。汽车造型艺术和其他艺术一样,通过一定的手段,以其艺术形象反映一定的思想内容和社会现象,以艺术的感染力使人产生审美的愉悦。从这一点上,汽车造型与其他艺术有内在联系,具有共性。但汽车造型与其他艺术又有着极大的差异,还有其自身的内在规律和特征,主要表现在:汽车造型具有物质产品和艺术作品的双重特征,汽车造型具有科学性,汽车造型具有时尚性。总之,汽车造型设计融物质功能和精神功能为一体,兼具科学性、实用性、艺术性和时代性,这些特征既相对独立又相互联系,不可分割,形成一个有机统一的整体。汽车造型设计不完全依靠理性的分析方法,主要依靠设计师对生活的感悟、经验的积累、在造型能力方面的修养等非常个性化的因素。

汽车造型的难度不仅体现在它是一个尺寸较大的有机曲面体,而且又承载了过多的感情与技术因素。汽车造型时必须有一个完善的造型单位,至少应由造型师、色彩花纹设计师、实物模型师、三维数字模型师和逆向工程师5个方面的人员组成,要求这些人员富于创造性、卓越的实施表现能力、较宽的知识面、良好的协作精神和与人共事的能力。

对汽车造型的要求如下:

(1)汽车造型应能反映社会生活,具有社会与时代特色及完美的艺术形象,其艺术形象应能反映先进的科学技术与文化水平,为人民所喜爱。

(2)汽车造型应具有良好的空气动力性能,有利于提高汽车的动力性、燃料经济性和高速行驶的稳定性。

(3)汽车造型应保证汽车符合人机工程学,特别是在内室造型时尤其要注意,使汽车具有优良的乘坐舒适性、操作方便性及良好的视野性。

(4)汽车造型应使汽车制造过程具有良好的工艺性,还应充分考虑车身众多钣金零件的制造与装配工艺和焊接工艺。

(5)汽车造型时应注意各种材料的装饰性能。

在百年汽车发展史上,不能不提到汽车造型的演变。如何把机械工程学、人体工程学和流体力学这3个要素完美地结合在汽车造型上,一直是汽车设计师探索和研究的重要课题。

汽车造型大体经历了6个演变过程,即马车形汽车、箱形汽车、甲壳虫形汽车、船形汽车、鱼形汽车和楔形汽车。

(一)马车形汽车

1885—1908年,制造者把大部分精力放在汽车的机械工程学上,车子能否开动是主要矛盾,造型如何、舒适与否无关紧要。因此,马车形造型成为这一时期汽车外形的统帅(图1-27),"无马马车"便是人们对汽车的称谓。

图 1-27 马车形汽车

（二）箱形汽车

箱形汽车的出现是汽车机械工程学发展的结果。随着车速的提高,敞篷车使驾驶员和乘客受不了迎面风的吹扰,加上"全天候"的要求,设计家推出了带顶篷和车门的封闭式车身。又由于提高车速后加大了空气阻力,人们发现车速超过 100 km/h 后,发动机的功率几乎都消耗在克服空气阻力上。因此,一种为了减小风阻而降低车身高度的箱形汽车出现了。1900 年汽车的高度为 2.7 m,1910 年降为 2.4 m,1920 年为 1.9 m,1925 年为 1.4 m,1926 年为 1.3 m。

机械工程学与空气动力学的结合使汽车造型在合理性上向前迈出了一步,然而人体工程学又困扰了设计师。车内要坐人,汽车的高度不能无限制地低下去。因此,又出现了一种以延长发动机罩、提高汽车功率来克服空气阻力的长头汽车。

由于长头汽车前方视野差,驾驶不方便,且后排座位在后轮上,颠簸厉害。因此,长头汽车很快就被淘汰,传统的箱形汽车依然统治着市场。从流体力学的角度看,箱形汽车显然不够理想,它的形状阻力所造成的空气涡流极大地影响了汽车前行。虽然经过一些局部改良,但未能解决根本性问题。一直到甲壳虫形汽车出现,人们才找到问题的根源。

（三）甲壳虫形汽车

形状阻力的问题,不引进流体力学无法解决。1911 年,卡门教授通过立在流动水中的一根柱子,观察并弄清了水在柱子后面所产生的涡流和阻力。"卡门涡流"理论使人们知道了汽车行驶时尾部空气涡流和阻力形成的原因。

20世纪20年代末,使用液压机床使钢板变形的工艺产生后,汽车开始改变在骨架上蒙皮或蒙铁的做法,制造出了圆弧形状的车身。

1934年,金属薄板拉延和冲压工艺的发展,使汽车车身出现了新的式样。美国克莱斯勒公司的"气流"牌小汽车首先采用流线型车身。接着,欧洲的奔驰、太脱拉等公司也开始制造类似汽车。1936年的默谢苔斯汽车应用美国密执安大学雷诺教授风洞试验的结果,制造了从发动机罩到车身侧面和尾部一气呵成的纺锤形汽车,这种车的造型一改生硬平直的棱线,向光滑和浑圆过渡。

1936年,德国波尔舍博士的杰作——甲壳虫形汽车诞生了(图1-28)。经过大自然优胜劣汰生存下来的甲壳虫,不但能在地上爬,而且可以在空中飞,其形状阻力很小。因此,人们便将其圆滑的形状运用到车身上,并于1937年在德国大众汽车公司开始生产。大众甲壳虫形汽车从1936年起连续生产,畅销世界各地,其打破了福特T形车20年生产1 000万辆的纪录,以一种车型累计生产超过2 000万辆而闻名于世。

图1-28　甲壳虫形汽车

然而,具有流线型的甲壳虫形汽车,在机械工程学、人体工程学和流体力学的结合上仍然有它的缺点:一是车内空间小,特别是后排乘客头顶上几乎没有空间,产生一种压迫感;二是这种流线型车身后部呈圆形,使风压中心在车身重心前面,这样,在行驶时如果遇到横向风,汽车就会偏离原行驶车道,造成危险。

（四）船形汽车

以1949年福特V8型小客车为代表,人体工程学受到重视。一种前部为发动机室,后部为行李舱,中间为车室的车身结构出现。由于此种车的造型与结构接近船,因此称为船形汽车。

船形汽车扩展了车内空间,发动机罩、前后翼子板、车门、行李舱从前到后使车身侧面成为一个平台,既减小了侧面形状阻力,又解决了横风不稳定的问题,一举多得。

在使人体工程学与流体力学结合的实践过程中,需要最大限度地改善视野,提高安全性。于是汽车前窗由竖直变为适度倾斜,采用全景式风挡玻璃,车身背部由滑背、阶梯背、半斜背变化到斜背。后背越倾斜,越不易产生涡流,可以有效地减小空气阻力。

船形汽车从20世纪50年代开始,被世界各国的轿车生产厂家制造。图1-29所示的我国的"红旗"牌高级轿车就是这种车型。

(五)鱼形汽车

鱼形汽车是一种新式的斜背式流线型汽车。鱼形汽车的出现并未造成船形汽车的淘汰,图1-30所示的鱼形汽车仍有一些问题,如后窗玻璃面积增大,使车身强度下降,重量增加;日光射入面积扩大,车内温度升高;鱼式造型在汽车高速行驶时产生升力,使车轮与地面的附着力减小,造成横风不稳定性。针对鱼形汽车的缺点,人们又想了不少办法。

图 1-29　船形汽车

图 1-30　鱼形汽车

（六）楔形汽车

鱼形汽车的升力在车速 200 km/h 时最大。尽管大多数汽车不会经常以此速度行驶，但在高速公路上超车时，会出现瞬时 150 km/h 的车速。如果这时突然遇到迎面风，则相对车速会超过 200 km/h。这时汽车会在升力作用下前轮发飘，转向失灵，导致汽车失去控制。1963 年，美国的 Studebaker 公司在高速公路安全的指导思想下，设计出图 1-31 所示的楔形汽车。

图 1-31　楔形汽车

这种车型的车身前部向下倾斜，后部像刀切一样平直，整体类似于楔子形状。楔形汽车与船形、鱼形汽车相比，具有较为合理的分压分布，与美国制造的汽车速度之王"蓝焰号"汽车的造型接近，"蓝焰号"汽车于 1970 年在美国创下陆地车辆 1 001 km/h 的纪录。因此，对高速汽车，楔形是接近于理想的汽车造型。

经过上百年的演变，汽车造型在满足人类高速、舒适、经济等的使用需求上有了长足发展，未来的汽车造型开始向梦幻型、新概念型、水滴型和生物体型的领域发展。

汽车是人类不可缺少的伴侣，未来无污染汽车、智能汽车及各种各样简便实用、构思绝妙的汽车，作为人类科技宝库中的一种特殊工艺品，将会不断地向世界展现自己的价值，使越来越多的人享受到汽车科技发展带来的便利。

值得注意的是，这六种造型的汽车并不是某一时期的装饰品，随即消失，而是伴随着机械工程学、人体工程学和流体力学的技术进步，人们追求符合功能要求的理想造型的全过程。

二、汽车色彩

色彩设计是工业造型设计的重要组成部分，人们在观察一件产品的一瞬间，首先映入眼帘的是产品的色彩，之后才是产品的形状、质感，由此可见色彩设计的必要性。汽车色彩设计应当与城市环境色彩综合起来考虑，而汽车经常走走停停，它的色彩成为环境色中的不固定因素。

（一）汽车的使用对象与色彩

不同地区使用环境的差别,造成了人们对不同色彩的偏爱。汽车行车与汽车色彩也有一定的关系,在心理学上,人们将深蓝色和深绿色称为收缩色(或后退色),看起来比实际小,看上去距离观察者较远;将黄色、红色称为立体色(或前进色),看起来比实际大,看上去距离观察者较近。在以黑色为背景时,黄色、白色更易引起注意,尤其是在傍晚、雾天和雨天时更醒目,所以汽车色彩以黄色较为安全。

汽车内饰的颜色选择也同样影响着行车安全,因为不同的颜色对驾驶员的情绪具有一定的影响。内饰采用明快的配色,能给人以宽敞、舒适的感觉。有专家建议,夏天最好采用冷色内饰,冬天最好采用暖色内饰,可以调节冷暖感觉。恰当地使用色彩装饰可以减轻疲劳,减少交通事故的发生。

由于传统文化习惯等因素的作用,人们看到色彩时,往往把它与其他事物联系起来,即色彩的联想和象征。由于国别、民族、年龄、性别、职业、生活环境的不同,这种联想具有一定差异,但也存在共同点。

灰色:给人以柔和、含蓄之感。灰色在视觉上的感觉是既不炫目,也不暗淡,是一种不易产生视觉疲劳的色彩。

蓝色:使人联想到天空、海洋、远山,使人感到深远、纯洁无瑕等。蓝色象征含蓄、冷静、内向和理智。

银色:钢铁的颜色,可以说是汽车最本质的色彩,它象征光明、富有和高贵,具有强烈的现代感。

黄色:光感最强,给人以光明、辉煌、希望的感觉。黄色还使人联想到硕果累累的金秋、闪闪发光的黄金,常给人留下光亮纯净、高贵豪华的印象。

白色:使人联想到白云、白玉、白雪,象征着明亮、清净、纯洁。在西方,特别是欧美大多数国家,白色表示爱情的纯洁和坚贞,是新娘结婚礼服的专用色。

红色:使人联想到太阳、红旗、红灯、红花等,人们常用红色作为欢乐喜庆、兴奋热烈、积极向上的象征。红色也表示雄心和勇敢,像火焰一样充满力量。

黑色:对人心理的影响有消极和积极两个方面。消极方面:黑色如黑夜,令人感到失去方向、失去目的而产生阴影、绝望等感觉。积极方面:黑色象征权力和威严,国外神父、牧师、法官都穿黑袍。西方黑色的礼服则有高雅、庄重的含义。各国元首用车一般为黑色。

绿色:植物的生命色,也是大自然的主宰色。绿色是最能表现活力和希望的色彩,它象征着春天、生命、青春、成长,也象征着安全、和平与希望。

与民族个性和车主个性相比,由于时尚和潮流具有强烈的社会规范化倾向,社会流行色彩往往更能影响消费者对汽车色彩的选择。汽车的流行色彩不但会因时而异、因地而异,而且会因车而异、因人而异。同时越来越多的金属和化学物质被用于汽车涂料,每年大约有 600 种新的汽车颜色被开发出来。

未来,汽车色彩无疑将向更加丰富多彩和更加赏心悦目的方向发展,人们开始崇尚更加前卫、古怪的色彩。为了适应汽车流行色彩日益频繁的变化,日本日产公司正在运用纳米技术开发一款能根据驾驶者的喜好经常改变颜色的"变色龙"汽车。这种汽车外壳将涂上一层顺磁氧化铁纳米颗粒物质,这些颗粒能根据发动机工作时产生的电流变化改变彼此间的距离,使整个涂层的颜色发生变化,从而实现汽车外观颜色的变化。

(二)色彩与汽车的使用功能

根据使用功能的不同,汽车可分为客车、轿车、货车和专用车等多种类型,不同的汽车在色彩选择上也有所差别。

1. 客车的色彩

由于客用汽车、电车等大型客车具有在室外使用、经常流动的特点,为了行人安全、引人注意、减少事故,并给乘客以安全、平稳、亲切的感觉,其色彩多选用明度较高的暖色或中性色。例如,公共汽车和电车的外部色彩应具有各自明显的标示性特征,以便与其他车区别;公共汽车和电动车多用于人流密集的城市,其外部色彩应具有一定的扩张性和前进性,让行人及早避让,避免交通事故的发生;长途公共汽车应尽量与自然环境色有鲜明的对比,给人以活泼、跳跃、可爱的感受。除此之外,公共汽车和电车的色彩还要考虑在日光下、黑夜、雨天和雾天及在各种灯光照射下都应有良好的识别性。

2. 轿车的色彩

对像小轿车这样的个人交通工具来说,由于每个人的爱好和要求差别较大,产品的商品性较强,其外部色彩的象征性、时代性、个性化较为明显,色彩设计主要取决于小轿车的主要功能、使用的场合及不同的人对色彩欲望的差异性,因此小轿车的色彩应该华丽、新颖、光亮,体现出灵活多样性。例如,家用小轿车主要用于接送孩子上学和采购生活物品,使用对象多为妇女和儿童,因此其外部可选用活泼、鲜艳、跳动的色彩;而高级礼宾车由于乘坐者的身份和使用场合气氛的需要,其外部一般采用庄重、华丽、高贵的颜色,可采用黑色或银色,但不宜采用鲜艳俏丽的颜色。对于小轿车,一般只采用一种颜色,以突出色彩的主要表征功能。

3. 货车的色彩

货车的外部一般采用一种颜色,主要是强调货车的力度、稳定性等功能特征。以前采用低明度、低纯度的深色调,以适应耐脏的要求。现代货车已采用一些明度较高的浅色调,如乳白色、蓝色、浅灰色等,以适应货车作业环境上的改变,突出其现代感和社会文明。

4. 专用车的色彩

专用车的色彩主要取决于其特殊功能特征和习惯用色，如救护车用白色、消防车用红色、邮政车用绿色、军用车用绿色或迷彩色、清扫车和洒水车用乳白色或浅蓝色、赛车用对比强且具有刺激性的颜色等。工程车鉴于野外作业环境和作业性质的不同，其外部色彩一般采用与环境色对比强、明度和纯度较高的、鲜明的颜色，如橙黄、橘红、鲜蓝、珍珠色，以点缀作业环境，给人以美的感受，改善心理上的单调感。

（三）色彩与汽车的使用环境

设计和选择汽车色彩，也要考虑到汽车的使用地区、使用对象和流行趋势。不同地区日照强度差别较大，造成人们对不同色彩的偏爱。例如，在美国，以纽约为中心的大西洋沿岸的人们喜欢淡色，而在旧金山太平洋沿岸的人们则喜欢鲜艳色；北欧的阳光接近发蓝的黄色，因此北欧人喜欢青绿色；意大利人喜欢黄色和红色，故法拉利跑车皆为红色或黄色。

由于世界各国、各民族、各地区的社会、经济、政治、文化、教育及生活习惯的不同，人们对色彩的喜好也不同，即使同一民族、同一地区的不同年龄、性别、职业的人们对汽车色彩的喜好差异也是很大的。目前中国汽车市场上，银色、黑色、白色因传统大方，是消费者的主要选择。年龄层次越低的消费者，对色彩选择的范围越广，浅绿、明黄等明朗而少见的色彩在年轻消费群体中占有一定比例；而随着消费群体年龄的增长，对汽车色彩的选择逐渐趋于单一，并以沉稳厚重的暗色系为主，银、黑、白成为消费者的主流选择色彩。女性消费者在汽车色彩的选择上，执着于白色、银色和红色三种时尚的色彩；政府官员、企业家更多地选择黑色等深色系的汽车。

色彩流行趋势也是影响汽车色彩选择的一个重要因素。近年在日本国内畅销的汽车，其绝大多数都不是彩色的。日本丰田公司的一项调查表明，该公司在本国销售的汽车，以白色最受欢迎，其次是红色、灰色等；而销往美国、加拿大的汽车色彩以淡茶色、淡蓝色最受欢迎，其次是白色、杏黄色。目前，日本国产汽车80%是白色、黑色和灰色的。与此相对的是，20世纪60—70年代中叶，当时的日本车多为红、黄、蓝等色彩，在经济迅速增长时代，和彩电一样，彩色是富裕的象征。但自1973年第一次石油危机之后，人们开始不喜欢颜色鲜艳的汽车。在泡沫经济时期的20世纪80年代，名为"超级白色"的赛车问世，其给人的心理暗示是白色代表高级。

德国人则越来越喜欢银灰色，银灰色汽车的销售量一路攀升，红色汽车则越来越不受欢迎，蓝色汽车的销售比例基本保持不变，黑色汽车的销售比例也呈上升趋势。

（四）色彩与行车安全

一般情况下，人们对汽车色彩的选择多是从个人喜好的角度来考虑的。色彩是车主个性的体现，能反映车主的情感和身份，但仅根据喜好选汽车色彩不利于行车安全。

2005 年清华大学就汽车色彩安全性进行了试验，结果表明：行车安全性与车身色彩有密切关系。在天气晴好的条件下，浅色系汽车的安全性能高于深色系汽车，而黑色汽车的事故率是白色汽车的 3 倍。通过对黑、绿、蓝、银灰、白五种色彩的汽车进行试验，从对比试验结果的照片中发现，黑色车辆在清晨及傍晚时段光线不好的情况下，最难被人眼识别，所以黑色汽车的安全性比白色及银灰色汽车差一些，而绿色及蓝色汽车的安全性位居中间，即浅色系汽车的故事率低。在经过视觉主观评价、色差及灰度差和事故数据等的分析后，清华大学得出了进一步的结论：汽车的色彩关系到驾车安全问题，色彩对汽车的可视性产生影响。通常情况下，比较容易被人眼所辨别的色彩，更加容易引起道路上驾驶员及行人的注意，相对不容易发生正面碰撞及追尾等事故。通过对 5 158 起交通事故进行数据统计，得到各色彩汽车的事故率及排名，相对最安全的色彩为白色，其后依次分别为银灰色、蓝色、绿色和黑色。

澳大利亚最大的汽车保险公司 NRMA 公司也就汽车色彩与交通事故频率之间的关系进行了研究，得出与上述类似的结果。研究表明，撞车等交通事故的发生与汽车色彩的显眼程度有着密切关系，深色及容易与道路环境相混合的黑色、绿色、蓝色等色彩的汽车发生交通事故的概率远高于明亮的黄色、银灰色和白色汽车。

为什么白色汽车要比黑色汽车安全呢？这与色彩本身的特性有一定的关系。首先，色彩是有进退性的，即所谓的前进色和后退色。例如，有红色、黄色、蓝色、黑色共 4 部汽车与行人保持相同的距离，行人会觉得红色汽车和黄色汽车要离自己近一些，而蓝色汽车和黑色汽车看上去较远。立体色的视觉效果比收缩色好，看起来要近一些，车主就会早一点察觉到危险情况。其次，色彩有胀缩性，即立体色和收缩色。例如，将相同车身涂上不同的色彩，会令人产生体积大小不同的感觉，如黄色看起来感觉大一些，是立体色；而同样体积的黑色、蓝色感觉小一些，是收缩色。黄色、白色等立体色看起来比实际要大，无论远近都容易引起注意；而收缩色看起来比实际要小，尤其是在傍晚和下雨天，常不为对方车辆和行人注意而引发交通事故。

三、车身与车架构造

汽车车身结构主要由车身壳体，车前板制件、车门、车窗、车身外部装饰件和内部饰件，座椅以及通风、暖气、空调等装置组成。在货车和专用汽车上还包括货箱和其他装备。

汽车车身主要有三类，分别为货车、轿车和客车。

1. 货车的车身

载货汽车简称货车,货车的车身主要由车架、驾驶室和车厢组成。从外形上看,货车有长头车和平头车两种类型,如图1-32所示。长头车的车头和驾驶室互相分开,发动机装在车头部分,驾驶室位于车头后方,发动机维修较方便,安全性好,传入驾驶室的振动小,但视野稍差。平头车的车头与驾驶室已融为一体,发动机装在驾驶室的下方,视野良好,平头车的一大优点是在同样车长的情况下车厢较长,载货量比长头车大,所以现在得到了广泛的应用。

（a）长头车　　　　　　　　　　　　　　（b）平头车

图1-32　货车类型

货车的车架也称大梁,是整车安装的基础,承受车内、外的各种载荷,应具有足够的强度和刚度。驾驶室是驾驶员的工作场所和生活空间,室内环境对行车效率和安全性有重要影响。因此,现代货车驾驶室设计布置十分考究,不少货车还配备卧铺,供长途行车时驾驶员轮换休息之用。

按照运载货物的不同种类,货车车厢可以是普通栏板式结构、平台式结构、倾卸式结构。闭式车厢,气、液罐及运输散粒货物(谷物、粉状物等)所采用的气力吹卸专用容罐或者是适于公路、铁路、水路、航空联运和国际联运的各种标准规格的集装箱。

2. 轿车的车身

轿车的车身可分为半承载式车身和承载式车身。半承载车身保留了车架,车身与车架刚性连接在一起(图1-33);车身主要承受本身的重力,大多采用钣金结构;车架有足够的刚度与强度,承受大部分的内、外载荷。

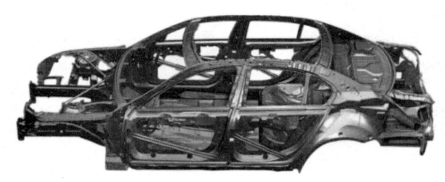

图 1-33 轿车的半承载式车身

现代轿车大多数都采用承载式车身，其特点是取消了车架，将车身作为发动机和底盘各总成的安装基础，载荷全部由汽车车身承受，车身的刚度和强度较大。采用承载式车身可减小轿车质量，降低车身距地面的高度。

3. 客车的车身

按承受载荷的情况划分，客车的车身可分为非承载式、半承载式和承载式三大类。

（1）非承载式车身：保留车架，将车身直接安装或焊装在车架上，载荷主要由车架承受。

（2）半承载式车身：在客车专用底盘上用悬臂梁（俗称"牛腿"）加宽并将车架与车身侧壁刚性连接，车架和车身共同参与整车承载。许多国产大客车的车身都采用这种结构形式。

（3）承载式车身：如图 1-34 所示，取消车架，车身由薄钢板制成的纵格栅和横格栅组成，格栅采用桁架结构，车内两侧地板较高，用于布置坐席，坐席下方高大的空间可用作行李舱，大型长途客车多采用此种车身。其结构特点是所有的车身壳体构件都参与承载，充分发挥材料的性能，在车身强度、刚度满足要求的情况下有效地减少了材料的用量，减轻了整车的重量。

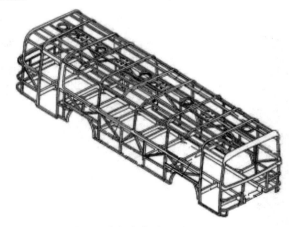

图 1-34 客车的承载式车身

第二章　无人驾驶概述

第一节　无人驾驶汽车的产生和发展

一、无人驾驶汽车的产生

无人驾驶汽车之所以能够被国内外科研机构作为研究重点投入大量的资源,由军事应用向民用化发展,不仅因为其代表了高新科技水平,更因为它满足了人们对汽车技术发展的迫切需求。目前无人驾驶汽车与互联网的结合,形成了庞大的移动车联网络,未来还将形成更加智能的交通系统。

虽然完全意义上的无人驾驶汽车还没有走进普通人的生活,但综合了自适应速度控制、自动紧急制动等多项辅助驾驶功能的半自主驾驶汽车已经出现在市场上。

无人驾驶汽车是汽车行业发展的必然趋势,中国将会成为无人驾驶汽车大国。

作为一个复杂的智能系统,无人驾驶汽车涉及的内容主要有以下几方面:

(1)体系结构。体系结构是一个系统的"骨架",确定了系统的基本组成框架和相互关系。对无人驾驶汽车系统来说,体系结构还包括系统信息的交流和控制调度,因此又起到了"神经系统"的作用。无人驾驶汽车体系结构定义了系统软、硬件的组织原则,集成方法及支持程序。一个合理的体系结构可以实现系统模块之间的恰当协调,并在系统的软、硬件上具有开放性和可扩展性。

(2)环境感知。无人驾驶汽车的环境感知像人类的视、听觉一样,利用各种传感器对环境进行数据采集,获取行驶环境信息,并对信息中的数据进行处理。环境感知系统为无人驾驶汽车提供了本车和周围障碍物的位置信息,以及本车与周围车辆等障碍物的相对距离、相对速度等信息,进而为各种控制决策提供信息依据。它是无人驾驶汽车实现避障、自定位和路径规划等高级智能行为的前提和基础。

(3)定位导航。无人驾驶汽车通过定位导航系统获得汽车的位置、姿态等信息,定位导航系统是无人驾驶汽车行驶的基础。常用的定位导航技术有航迹推算、惯性导航、卫星导航定位、地图匹配定位和视觉定位导航技术等。组合导航系统综合了两种或两种以上不同类型的导航传感器信息,可获得更理想的导航性能。

（4）路径规划。路径规划是指在一定环境模型的基础上,给定无人驾驶汽车的起始点与目标点后,按照其性能指标规划出一条无碰撞、能安全到达目标点的有效路径。路径规划主要包含两个步骤:一是建立环境地图;二是调用探索算法在环境地图中搜索可行路径。

（5）运动控制。无人驾驶汽车的运动控制可分为纵向控制和横向控制,通过对节气门与制动的协调,纵向运动控制实现对期望车速的精确跟随;在保证车辆操纵稳定性的前提下,横向运动控制实现无人驾驶汽车的路径跟随。

二、无人驾驶汽车的发展

无人驾驶汽车起源于无人驾驶平台（包括无人机、无人艇、无人潜水艇和地面无人驾驶汽车）,目前在民用领域发展迅速。目前与无人驾驶这一术语相关的概念有辅助驾驶、主动安全、自主驾驶及智能车辆等。从发展历程来看,地面无人驾驶汽车起源于军事应用。从 20 世纪 80 年代起,西方发达国家即开始地面无人驾驶汽车的研究,并取得了一系列成果。国外军用地面无人驾驶汽车的发展主要经历了 3 个阶段:在 20 世纪 80 年代之前,受限于通信、计算机等关键技术,地面无人驾驶汽车的发展侧重于遥控;20 世纪 80 年代之后,随着相关技术的突破性发展,地面无人驾驶汽车得以进一步发展,出现了各种自主和半自主移动平台,但受定位导航、障碍识别、计算机控制等关键部件性能的限制,该时期的自主移动平台虽然在一定程度上实现了自动驾驶,但行驶速度低、环境适应能力弱,这些平台主要用于执行扫雷、排爆、侦察等任务;20 世纪 90 年代以来,随着计算机、通信、人工智能等技术的突破,半自主型地面无人驾驶汽车得到了进一步发展,部分地面无人驾驶汽车参与了实战,检验了作战能力,使各国看到了这种无人驾驶汽车的前景,大大激发了各国研发地面无人驾驶汽车的热情,掀起了研究高潮。

在军事应用需求的推动下,无人驾驶汽车技术得到了不断发展和完善。在 2000 年之前,以美国卡内基·梅隆大学研制的 NavLab 系列和意大利的 ARGO 项目最具代表性,德国的 VaMoRs-P 系统也涉及很多无人驾驶汽车技术。我国在"八五"和"九五"期间,开始了"军用地面机器人"（Autonomous Test Bed, ATB）项目的相关研究。

为了激发相关研究人员的研究热情,推动无人驾驶汽车相关技术的发展,国内外都举办过无人驾驶汽车相关比赛。其中最具代表性的是美国 DARPA 无人驾驶汽车挑战赛和中国智能车未来挑战赛（Future Challenge）,如图 2-1 和图 2-2 所示。这些比赛的一个共同点是:车辆在自主行驶时,不允许任何人员乘坐在车内。从一定意义上说,它们实现了真正的无人驾驶。

图 2-1　美国 DARPA 无人驾驶汽车挑战赛

图 2-2　中国智能车未来挑战赛

为研发具有自然环境感知与智能行为决策能力的无人驾驶汽车验证平台,国家自然科学基金委员会启动了"视听觉信息的认知计算"重大研究计划,并决定自 2009 年起,每年举办一届中国智能车未来挑战赛作为此重大研究计划的重要组成部分,旨在集成创新研发无人驾驶汽车,并通过真实道路环境下的自主行驶来检验研究成果,以促进无人驾驶汽车的研发交流及产业化应用。相比于国外研发的无人驾驶汽车,我国参加此项赛事的无人驾驶汽车更注重车辆感知自然环境并自动处理视、听觉信息的能力和效率。

第一届中国智能车未来挑战赛于 2009 年 6 月在西安举行。这次比赛的参赛队伍包括湖南大学、北京理工大学、上海交通大学、西安交通大学和意大利帕尔玛大学等。比赛要求无人驾驶汽车从起点无碰撞地自主行驶到终点。赛道中设有障碍物,考查无人驾驶汽车在直道行驶时的避障能力;设有交通信号灯,考查无人驾驶汽车识别信号灯的能力,以及红灯停、绿灯行的决策与控制能力。此外,还考查了无人驾驶汽车执行 U 形转弯的能力。第一届中国智能车未来挑战赛的成功举办,在中国无人驾驶汽车的发展史上具有里程碑意义,这是中国首次举办第三方无人驾驶汽车测试赛,推动了中国无人驾驶汽车驶出实验室,驶向实际环境。

第二届中国智能车未来挑战赛于 2010 年 10 月在西安长安大学举行。这届比赛分为静态交通标志识别、曲线行驶、有障碍定点泊车、寻位泊车和复杂环境综合测试 5 个环节，主要测试无人驾驶汽车的基本能力和应对复杂环境的综合能力。

第三届中国智能车未来挑战赛于 2011 年 10 月在内蒙古自治区鄂尔多斯举行，与前两届比赛相比，这届比赛首次从封装道路环境走向真实道路环境，通过长约 10 km，设有交通信号识别、静动态障碍物避让、汇入车流及 U 形转弯等无人驾驶行为测试内容的真实城区道路，综合测试其环境感知和智能决策能力。

第四届中国智能车未来挑战赛于 2012 年 10 月在内蒙古自治区赤峰举行。这届比赛汇聚了来自国内 12 所大学及 14 支来自科研机构的参赛车队。与往届比赛不同，这届比赛设置了长 1.6 km 的城市赛道和长 15.8 km 的乡村赛道。比赛在城区道路设置静态车辆干扰、假人通行避让、U 形转弯、有人驾驶车辆干扰等测试无人驾驶汽车避让或汇入简单车流的能力，并在包括弯道和坡道等路段的乡村道路上设有雾天模拟装置，以检验无人驾驶汽车在复杂路况和恶劣天气环境下的无人行驶能力。

第五届中国智能车未来挑战赛于 2013 年 11 月在江苏常熟举行。这届比赛汇聚了国内外 18 支参赛车队。比赛在城郊道路（约 18 km）和城区道路（约 5 km）上举行，着重考核无人驾驶汽车的安全性、智能性、平稳性和速度。与以往相比，这届比赛的道路环境更加复杂和多样化，除行驶过程中常遇的障碍车、缓行车，以及道路临时阻塞和前方施工等场景外，还增加了拱桥、隧道、匝道口、学校门口等场景，重点考核无人驾驶汽车智能感知交通标志、人、车、物，以及自主决策和正确行为的控制能力。

在后续的几届比赛中参赛队伍逐渐增多，比赛主要分为无人驾驶汽车真实综合道路环境测试（高架道路环境和城区道路环境测试）和复杂环境认知水平能力离线测试两部分。这一赛事推动了无人驾驶汽车从试验场走向真实道路，从单纯的实验室研究走向校企合作，使无人驾驶汽车得到越来越多的认可。

第二节　无人驾驶系统概述

发展无人驾驶技术已成为全球共识，无人驾驶技术在解决交通安全和治理交通拥堵方面极具潜力，已成为未来交通发展的趋势。2013 年，欧盟实施了"地平线 2020 计划"，将智能化、安全化、绿色化列为交通领域的重点发展方向。作为解决此类问题的关键技术，无人驾驶技术受到了极大的重视。2014 年，美国交通运输部提出《ITS 战略计划 2015—2019》，明确美国未来 5 年发展目标为汽车网联化与自动控制智能化。2015 年，欧盟委员会提出《GEAR 2030 战略》，重点关注和推动高度自动化和网联化驾驶等领域。2014 年，日本内阁联合多个政府部门及丰田等主要汽车企业，提出"到 2020 年实现完全无人驾驶系统市场化"目标。可见,欧洲、美国、日本分别从国家战略规划层面推动无人驾驶和智能网联汽车技术的发展。在我国,车联网、无人驾驶相关政策相继出台。2015年,《中国制造 2025》明确提出将无人驾驶作为汽车产业未来转型升级的重要方向之一。2016 年,中国汽车工程学会发布《节能与新能源汽车技术路线图》,明确了中国智能网联汽车技术路线发展的短期、中期、长期目标。2017 年,《国家车联网产业标准体系建设指南(智能网联汽车)》确立我国发展智能网联汽车将"以汽车为重点和智能化为主、兼顾网联化"的总体思路,建立智能网联汽车标准体系,并逐步形成统一、协调的体系架构;2018 年,工业和信息化部印发《车联网(智能网联汽车)产业发展行动计划》。该计划制定了两阶段目标:第一阶段,要求智能道路基础设施水平明显提升;第二阶段,要求技术创新、标准体系、基础设施、应用服务和安全保障体系全面建成,高级别自动驾驶功能的智能网联汽车和 5G-V2X 逐步实现规模化商业应用,"人—车—路—云"实现高度协同。

　　无人驾驶车辆作为集环境感知与认知、动态规划与决策、行为控制与执行等多项功能于一体的综合智能平台,涵盖了机械、电子、人工智能、传感器技术、信号处理、自动控制和计算机技术等诸多学科。无人驾驶系统主要通过传感器从周围的道路交通环境进行知识获取,由计算机系统对收集到的数据进行知识表达,然后对车辆的行驶状况进行智能控制,从而完成许多高智能任务。

　　无人驾驶车辆研究的核心问题包括环境感知、行为决策、规划控制。无人驾驶系统架构如图 2-3 所示,为 L4 级无人驾驶系统硬件架构。针对环境感知和规划控制,各国学者和专家进行了大量而有成效的研究。作为三大关键问题之一的行为决策方面的研究,尤其是复杂动态环境下具备认知决策能力的相关研究较少。其原因在于,实际交通环境中,无人驾驶车辆所感知获取的是瞬息万变的复杂动态信息,交通要素变化的复杂、随机、不确定性等特点以及车辆对驾驶决策的实时性、鲁棒性、环境适应性等要求,使无人驾驶车辆的行为决策面临着巨大的挑战。

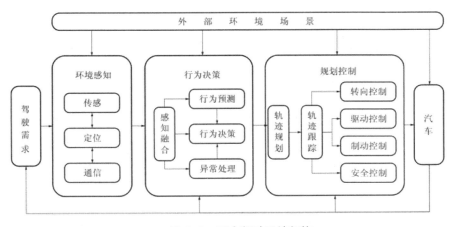

图 2-3　无人驾驶系统架构

第三节 国外无人驾驶技术研究现状

欧美各国对无人驾驶技术的研发始于 20 世纪 80 年代。诸多高校、研究机构（如卡内基梅隆大学、斯坦福大学、麻省理工等科研院所）和企业（如 Google、Waymo、Uber ATG、Cruise、特斯拉等高科技公司）都投入大量资金进行自动驾驶技术相关研发工作，致力于实现汽车的自动驾驶。

一、科研单位

20 世纪 80 年代初期，美国国防部高级研究计划机构（DARPA）提出了战略计算计划（SCP），旨在采用高水平作战算法，以实现无人作战，减少战场伤亡。在计划中将无人地面车辆（Unmanned Ground Vehicle，UGV）作为重要的组成部分，其目的在于以智能驾驶车辆为平台，实现自主侦察战场的军事目标。美国国防部专门立项开展了地面无人作战平台的战略计划，开始大规模智能陆地作战车辆的研究。其中，DARPA 支持的自主陆地车辆（Autonomous Land Vehicle，ALV）计划，在三场比赛中，已经完成了对恶劣环境路段和城市环境道路下的智能车辆驾驶测试。美国国家自动公路系统协会（NAHSC）提出了自动化高速公路系统计划（AHS）和智能车辆先导计划（IVI），旨在提高车辆运行安全性并减少交通拥堵状况。

早在 1986 年，加州大学伯克利分校、加利福尼亚州交通运输局和其他研究机构及企业联合启动"加州先进交通和高速公路伙伴计划"（Partners for Advanced Transit and Highways，PATH），美国加州的 PATH 计划是所有智能交通系统中唯一一个在自动化公路上进行全面和长期投入的研究计划，于 2011 年与加州创新交通中心合并成为新的PATH 计划。加州大学伯克利分校成立的 DeepDrive 深度学习自动驾驶产业联盟（BDD），是应用于汽车领域的计算机视觉和机器学习前沿技术的产业联盟。该联盟包括了英伟达、高通、福特等二十几家全球自动驾驶领域最为顶尖的企业，目前研究项目已经涵盖感知、规划决策、深度学习等自动驾驶关键领域。

斯坦福大学（Stanford University，SU）的无人车 Stanley 采用 GPS、多计算机信息处理等技术，实现了在包括河流、隧道、沙漠等恶劣环境下的动态避障、路径规划、决策控制等智能驾驶行为。2015 年，斯坦福大学在加州著名的雷山赛道公园（Thunderhill Raceway Park）完成了改良的奥迪 TTS 无人驾驶，速度超过有人驾驶。

卡内基梅隆大学（Carnegie Mellon University，CMU）也先后研制出了 NavLab 系列共计 11 种型号的智能车辆。NavLab11 是目前该系列无人驾驶车最新的平台。其研制的无人驾驶车辆在动态复杂的城市道路中没有人工辅助的情况下可以完成换道、超车、通过交叉路口等复杂驾驶行为，实现了避障、自动泊车、会车等功能，体现出了对环境感知能力强的特点。这也标志着无人驾驶车辆初步具有了在复杂动态环境下的认知决策能力。

麻省理工学院计算机科学与人工智能试验室的研究小组开发出一种新系统，使无人驾驶汽车能够实时阅读和预测驾驶环境，不再依赖高度详细的3D地图，能够自如地在没有明确路标的城市或公路环境下行驶。如丰田普锐斯就是因为配备了该系统，所以能成功地在马萨诸塞州多条乡村道路上行驶。

欧洲政府及高校也日益重视智能驾驶车辆研究，1986年推出的欧洲高效安全道路交通系统计划（PROMETHEUS）主要通过研究先进的车辆控制与安全系统（AVCSS）提高车辆的智能驾驶水平。1987年到1995年，欧洲研究协调局（EUropean REsearch Coordination Agency）的普罗米修斯计划（Prometheus Project）共投入了7亿4900万欧元用于智能车的研究。之后，1989年的欧洲交通安全和道路系统计划（DRIVE）也着手推动智能车辆的发展。欧盟委员会资助的PREVENT从2004年开始到2008年共4年时间，通过开发示范主动安全技术与应用，从而促进道路安全。截至2013年，德国、波兰、瑞士、比利时等国连续举办了八届欧洲陆地机器人试验赛（European Land-Robot Trial，ELROB），旨在提高无人驾驶机器人在恶劣环境，自主导航、夜间、城区、非城区环境的行为决策。

20世纪80年代早期，德国慕尼黑联邦国防军大学（Universität der Bundeswehr München，UBM）与奔驰汽车公司联合开发了两款基于视觉导航技术的智能车辆VaMoRs和VAMP（VaMoRs-P），并进行了长约1 600km的实车道路试验，验证智能车辆的车道保持、躲避障碍物和换道操作等功能。2014年3月，意大利帕尔马大学开发的智能车辆DEEVA，集成了相机和激光雷达等传感器设备，整体外观看着和普通汽车没有区别，但是可以实现360°感知周围环境信息，完成了复杂工况中的自主驾驶试验。2015年2月，英国首辆无人驾驶汽车Lutz Pathfinder正式投入使用，旨在帮助购物者、老年人、通勤人士等进行短途行驶。2015年10月，法国无人驾驶汽车Navya Arma在里昂诞生，该车采用嵌入式计算系统，支持完全独立无人驾驶操控。Autonum Cab致力于Level 4级（SAE）自动驾驶，该原型车没有方向盘、后视镜和刹车装置等。此外，法国政府计划2020年至2022年实现在公共道路部署"高度自动化"汽车的目标。

20世纪90年代，日本交通部推出了先进安全车辆（ASV）计划，通过对先进通信技术的推广、研究，以激发自动驾驶车辆的发展进度；同时，日本研制出的"新一代城市长途交通系统"，可以使得公共汽车在城市环境下实现无人驾驶。日本能源·产业技术综合开发机构（NEDO）成为全国首先将商用货车应用到实际生产中的企业之一，以达到减少车辆能源损耗的目的。日本主要汽车厂商（本田、日产、丰田等）制定了各自的无人车研发计划。2016年，新加坡初创公司NuTonomy开始测试无人驾驶计程车，用户可通过当地的叫车APP Grab进行预约体验，这是全球第一个面向大众开发的无人驾驶测试专案。2019年，新加坡交通部宣传，政府正在扩大测试场面积，超过620英里的公共道路供企业进行测试。2022年，政府将于榜鹅、登加以及裕廊等创新区引入无人驾驶巴士服务。为促进无人驾驶技术安全快速发展，韩国政府计划绘制全国各大主要城市地图，为无人驾驶车辆测试打造智能交通系统，帮助改善无人驾驶技术测试的安全性。2018年，韩国电信运营商KT在仁川国际机场成功测试一辆自动驾驶巴士，该自动巴士时速能达到30km，行驶路段里程为2.2km。

二、企业

随着无人驾驶车辆技术的逐渐进步与完善，其发展前景也逐渐被各企业所认可。先进的视听觉认知方法与成熟的车辆线控技术有机结合，为打造更为智能和稳定的无人驾驶车辆提供了一种积极的产业化探索模式。互联网企业和传统汽车企业纷纷投入无人驾驶技术的研发，越来越重视通过信息化、智能化技术发展智慧型汽车。

美国谷歌（Google）公司于2010年成立了无人驾驶车辆研究项目，其推出的无人驾驶系统已在多辆试验车上进行了测试。美国已有4个州（内华达州、佛罗里达州、加利福尼亚州、密歇根州）通过了"让无人驾驶车辆上路"的相关法律，使无人驾驶车辆上路合法化。自2012年以来，Google无人驾驶车辆已经拿到了上述4个州的上路测试许可证，其第一代与第二代无人驾驶车辆已安全行驶累计超过80万英里。2014年，Google官方公布了其第一辆全功能无人驾驶车辆的原型，该车搭载了高精度GPS、摄像头、激光雷达等设备，具有良好的目标追踪和避障能力，如图2-4所示。截至2016年年底，Google无人驾驶车辆已经在美国的4个城市完成了超过200万英里的道路测试。

图 2-4　Google 第一辆无人驾驶车辆

2016 年，Google 将无人驾驶项目拆到独立子公司中进行研究，Waymo 公司从此诞生。2017 年 11 月 7 日，Waymo 公司宣布其无人驾驶汽车已达到 L4 级水平，即该车能够在事先经过地图绘制和测试的区域内实现完全的自动驾驶，如图 2-5 所示。截至 2018 年 10 月，Waymo 无人驾驶车辆路测总里程累计已达到 1 000 万英里，是全球无人驾驶路测数据最高的公司。2018 年年底，Waymo 公司宣布在美国亚利桑那州的凤凰城推出首个商业化打车服务，成为首家无人驾驶车辆商业化落地的公司。此举标志着无人驾驶车辆的发展将进入一个全新阶段。

图 2-5　Waymo 无人驾驶车辆

特斯拉于 2014 年开始配置 Autopilot 系统。通过首代自动驾驶系统 Autopilot，其已收集全球各种道路、天气条件下行驶超过 13 亿英里的数据，特斯拉基于该海量数据研发第二代 Autopilot 系统。2016 年，特斯拉发布 Autopilot2.0 系统，该系统版本硬件包括 8 个摄像头、1 个毫米波雷达、12 个超声波雷达和 NVIDIA Drive PX2 计算平台。特斯拉已在所研发生产的所有车型上都配置该系统。2018 年年初，特斯拉官方发布了最新的 Autopilot2.5 系统。该系统更新之后拥有更为强大的处理速度，向全自动驾驶又迈进了一步。

通用汽车公司于 2016 年 1 月成立专门的自动驾驶车辆研发团队；同月，向美国打车公司注资 5 亿美元，联合建立自动驾驶车辆综合网络，为用户提供专车服务；同年 3 月，通用汽车公司投入约 10 亿美元收购无人驾驶技术初创公司 Cruise Automation，加速自动驾驶技术的研发力度。2017 年，通用汽车向全世界发布一款自动驾驶汽车，并声称为第一款大规模量产的自动驾驶汽车。现在通用汽车公司大规模投入资金和人力在无人驾驶技术上，包括激光雷达、摄像头、传感器等来确保汽车自动驾驶的安全性。

宝马汽车公司于 2014 年 1 月 7 日至 10 日在美国拉斯维加斯举办的国际消费类电子产品展览会（CES）上，展示了基于影像识别科技的现代驾驶辅助系统和安全系统，如车道偏离警告系统，具备制动功能的碰撞警告和行人警告系统，交通堵塞辅助驾驶系统和具有自动起步停车功能的主动巡航控制系统。德尔福汽车股份有限公司（Delphi Automotive PLC，DLPH）展示了多种自动驾驶产品，包括 360° 感应、雷达探测视线的融合科技、路过交通灯提醒、碰撞避让以及其他一些减少交通事故的安全解决方案。

日本汽车巨头丰田汽车公司于 2018 年宣布与电装公司和爱信精机株式会社两大汽车零部件供应商共同成立公司 TRI-AD（Toyota Research Institute Advanced Development），进行自动驾驶技术的先行研发，研发资金投入超过 3 000 亿日元。同年，本田汽车公司宣布与通用汽车公司合作研发无人驾驶汽车，本田汽车公司将向通用汽车公司旗下无人驾驶汽车公司 Cruise 先期投入 7.5 亿美元，后期陆续投入约 20 亿美元，共同研发用于"共乘"服务的无人驾驶专用车辆。

第四节　国内无人驾驶技术研究现状

一、科研单位

我国无人驾驶技术以及测试平台的研究始于 1980 年军方的"遥控驾驶的防核化侦察车"项目，国内多所大学以及研究机构参与了该平台的研制工作。

1992 年，国防科技大学研制成功了我国第一辆真正意义上的自动驾驶汽车。该自动驾驶系统装配在国产面包车上，实现了人工智能驾驶性能。2000 年，国防科技大学研制的第四代无人驾驶汽车试验成功，最高时速可达 76 km / h，创下国内无人驾驶汽车最高时速的纪录。2007 年,国防科技大学与中国第一汽车集团公司(以下简称"中国一汽")联合研发的红旗旗舰无人驾驶轿车,其总体技术性能和指标已经达到世界先进水平。

2008 年,国家自然科学基金委设立了大量关于无人驾驶车辆视听觉方面的重大研究计划,在开展视听觉认知计算理论研究的基础上,我国制定了"视听觉信息的认知计算"专项计划,并以无人驾驶车辆作为计算机视听觉认知研究的验证平台,2009 年至 2015 年举行多届中国智能车未来挑战赛。该比赛有力地推动了无人驾驶、环境感知认知等一系列关键技术的研究以及应用。

中国人民解放军总参谋部第六十一研究所的李德毅院士等提出了一个新的"驾驶脑"的概念,基于人类大脑处理信息过程来分析和形式化无人驾驶车辆对驾驶的认知,并确保准确性,以期获得接近或更好的人类驾驶能力;同时,李德毅院士还提出了路权雷达图的概念,根据路权决策车辆行驶状态,该无人驾驶车辆在实际交通流中的测试局限在简单的高速公路场景,在更复杂的场景中还未得到验证。

20 世纪 90 年代,北京理工大学研发出中国第一辆具有自主识别功能的无人驾驶汽车。1999 年至 2001 年,陈慧岩和龚建伟教授团队为某基地研制"无人遥控靶车",实现了 8 km 范围内的遥控驾驶和规定环境的半自主行驶,获得部级科技进步二等奖。2009 年,北京理工大学的 BIT 号无人驾驶汽车参加首届"中国智能车未来挑战赛"获得亚军和"环境感知"最佳技术奖。2013 年,北京理工大学无人驾驶汽车 Ray 参加第五届"中国智能车未来挑战赛"获得总冠军。2014 年 6 月,北京理工大学向北京市交通管理局正式提出无人驾驶汽车上路测试的申请,以期实现无人驾驶车辆上路测试的合法化,推动我国无人驾驶技术的发展。2016 年,北京理工大学车队在黑龙江塔河参加"跨越险阻"无人车辆挑战赛并获佳绩。北京理工大学智能车辆环境感知、行为决策和路径规划等多个方向技术沉淀已颇为丰富,为实现相关科技成果转化落地提供基础。另外,北京理工大学孵化多家无人驾驶企业,如中云智车自主研发无人车辆通用线控底盘,全车规级设计,并通过百度 Apollo 车辆平台认证,现年产能已达到 1 500 台,其产品覆盖多种无人车辆应用场景。酷黑科技与百度联合研发全球首款自动驾驶套件 Apollo-Kit,为无人驾驶技术的开发者提供试验测试平台,极大地降低了自动驾驶研发的资金和技术门槛,加速了自动驾驶研发进程。驭势科技(北京)有限公司(以下简称"驭势科技")现已形成可规模化部署的 L3-L4 级智能驾驶系统,2018 年驭势科技携手上汽通用五菱完成 L4 级无人驾驶 - 智能泊车产品的落地交付;同年,与首汽 GoFun 出行、奇瑞新能源在汽车自动驾驶技术、共享汽车自动驾驶商业应用、共享汽车运营管理等领域展开深入合作,共同推动无人驾驶项目的大规模商业化量产。

香港科技大学自动化技术中心负责人李泽湘教授注重装备核心技术的研发,创办了第一家中国运动控制公司,从控制器、智能控制器、智能传感器、驱动器等方面着手,为汽车行业提供一体化智能制造的解决方案。2017 年 10 月，李泽湘教授回乡创办了长沙智能驾驶研究院(也称 CiDi、希迪智驾)。同年 12 月，希迪智驾与长沙市人民政府签订战略合作协议。2018 年，湖南湘江新区智能系统测试区成为获工信部唯一授牌的"国家智能网联汽车(长沙)测试区"。至今，希迪智驾研发团队已达 200 余人。2019 年 3 月，希迪智驾正式向内蒙古某矿场交付无人驾驶矿山卡车，通过自动驾驶 + 遥控驾驶共同完成矿区作业。

清华大学在国防科工委和国家"863 计划"的资助下研制了 THMR 系列智能车辆系统，目前 THMR 系列已发展成 THMR-V 系列，能够在复杂城区、高速公路、乡村道路和越野环境中进行自主行驶。吉林大学在国家自然科学基金、教育部博士基金等资助下研制了 JLUIV 系列四代视觉导航智能车辆系统，并与一汽大众合作开展新视觉导航物流运输装备 AGV(自动引导运输车)的研制工作。西安交通大学人工智能研究所从 2001 年便开始展开了汽车辅助驾驶的合作研究。2005 年，"思源 1 号"成功完成了校园道路环境测试，研发团队随即制定"新丝绸之路挑战"计划。2017 年，西安交通大学"发现号"在第九届中国智能车未来挑战赛中荣获一等奖。

二、企业

与高校相比，国内自主企业在无人驾驶领域也取得了不错的成绩。他们将研究重点放在智能驾驶辅助系统的开发上，使相关技术能够快速落地和量产。

2016 年 11 月，广汽传祺全球首发的智联电动概念车"凌云"，集成了自主研发的"智能交通系统""无人驾驶技术""无线充电"三大前瞻科技，将未来汽车电动化、智能化、网联化的发展趋势有机融合。2016 年 11 月 15 日，奇瑞携手百度打造的 EQ 无人驾驶汽车在乌镇开始试运营。2017 年 10 月，一汽解放"挚途"商用车 L3 级智能卡车在高速公路实测成功，这是中国商用车第一次在高速公路环境下完成的智能驾驶功能测试；2018 年，中国一汽宣称 L4 级智能驾驶车辆一汽解放 J7 顺利完成自动装卸货物、行驶、转向等一系列动作，能全方位地满足港口作业需求，目前一汽解放在智能卡车方面已经实现智能卡车的平台化、系列化布局。

2017 年 4 月，百度对外宣布自主开发自动驾驶技术平台阿波罗(Apollo)，这是全球自动驾驶技术的首次系统级开放；同年 7 月，发布 Apollo1.0，主要开放的是完整的封闭场地循迹自动驾驶；2018 年 1 月，发布 Apollo2.0，增加障碍物行为标注数据、2D 障碍物标注数据、日志提取仿真场景数据。2018 年 3 月，首批获得自动驾驶路测号牌的百度 Apollo 自动驾驶汽车已在北京亦庄的开放道路上进行了公开测试，标志着针对无人驾驶技术的法律法规的健全化，如图 2-6 所示。同年 7 月，Apollo3.0 发布，该版本意在实现自动驾驶车的量产，并推出三个自动驾驶量产解决方案：自主泊车、无人作业小车、自动接驳巴士。图 2-7 是由百度和金龙客车联合打造的国内首辆商用无人驾驶微循环电动车——"阿波龙"号，其在福建平潭正式亮相。

上海汽车集团股份有限公司（以下简称"上汽集团"）于 2014 年与阿里巴巴集团跨界合作，宣布联合打造互联网汽车。2018 年 3 月，上汽集团和蔚来汽车拿到了第一批智能网联汽车开放道路测试牌照。无人驾驶路试牌照的落实有效地推动了我国无人驾驶产业化的进展。

图 2-6　百度自动驾驶汽车挂牌测试

图 2-7　"阿波龙"号无人驾驶电动车

驭势科技作为自动驾驶新生态的赋能者，于 2016 年在北京市房山区设立无人驾驶示范运营区及研究基地。在 2018 年的世界移动大会上，驭势科技率先完成国内首个 5G 超远程自动驾驶实车演示，并与国内三大运营商和四大设备商在该领域开展合作。2019 年，驭势科技携手中国移动香港、香港应用科技研究院以及香港 Tekbotics，取得了香港特别行政区政府运输署颁发的自动驾驶路测牌照，并在香港科学园内完成了搭载驭势科技 U-DriveTM 智能系统的汽车自动驾驶演示。

重庆长安汽车股份有限公司（以下简称"长安汽车"）投入 2 亿元资金研发自动驾驶技术，并全球布局研发团队，目前已实现 L1 级汽车量产化，并完成 2 000 km 的 L3 级公路测试，推出智能化"654"战略，计划到 2025 年将实现真正的自动驾驶，并实现产业化落地。北京汽车工业控股有限公司（以下简称"北汽集团"）已推出 EU2260 自动驾驶测试车型，并与百度达成战略合作，计划投入资金 20 亿元进行相关技术研发，在 2020 年至 2025 年实现 L3 级车型的量产。吉利汽车制定 G-Pilot 技术规划，已推出具备自动驾驶功能的沃尔沃 S90 车型，计划 2021 年和 2025 年分别实现高度自动驾驶和全自动驾驶。长城汽车目前 H8、H9 等车型已完成 L1 级的研发，计划 2025 年推出 i-Pilot 4.0 高级无人驾驶汽车。

近年来，我国智能网联汽车发展明显提速，同时智能驾驶上路法规正在加紧拟定，智能化汽车产业发展成为必然趋势。随着智能化时代大背景的推动，无人驾驶汽车逐渐混入真实交通环境中，因此如何使无人驾驶汽车在复杂的真实交通环境中做出安全高效的行为决策成为当下智能网联汽车领域的一大研究热点。

第五节　无人驾驶汽车行为决策研究现状

无人驾驶汽车行为决策研究是无人驾驶技术发展及无人驾驶产品研发的难点。近年来，来自不同领域的诸多学者开展行为决策方法相关研究，从不同的行为决策方法上，大体可以分为基于规则的行为决策方法、基于机器学习的行为决策方法和基于效用／价值的行为决策方法。在众多有关于行为决策的研究中，根据驾驶行为进行决策研究分类，可以将其分为直行道路上的跟驰行为决策研究、车道间变道行为决策研究（包含超车和匝道处的汇入行为）以及道路交叉口通行行为决策研究，驾驶行为的研究不能一概而论，需要针对不同的驾驶场景（人—车—路）分别讨论，针对不同场景得出准确的结论。

一、基于方法的行为决策研究

1. 基于规则的行为决策

基于逻辑规则的模型能够对简单的场景进行更加直观的建模,同时模型的可靠性较高。美国国防高级研究计划局(Defense Advanced Research Projects Agency, DARPA)举办的城市挑战赛在全球具有很大的影响力,赛事冠军卡耐基梅隆大学的 BOSS 车队采用基于行为推理的决策系统,其行为决策流程如图 2-8 所示,通过构建规定的知识及规则库实时推理相应的驾驶行为,执行了一系列人工定义的决策状态以实现准确的行为决策,包含"车道行驶""路口处理"和"特殊区域处理"三个模式。

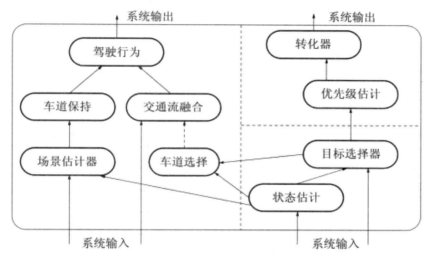

图 2-8　BOSS 行为决策流程

斯坦福大学的 Junior 车队建立基于有限状态机(Finite State Machine, FSM)模型的行为决策系统,如图 2-9(a)所示,将驾驶行为分为 13 种状态:初始化、向前行驶、穿越交叉口、拥堵路段停车、U 形弯停车、自主泊车、任务结束等。行为决策系统的不同状态之间通过有限状态机相互转换,该系统结构简单,控制逻辑明确,被众多无人驾驶汽车所采用。

但是 FSM 的结构会随着状态增多变得庞大,系统软件维护复杂。层次状态机(Hierarchical State Machine, HSM)模型把状态进行分类,很好地缓解了这一问题。2007 年 DAPRA 比赛中的 KnighFRider 无人驾驶汽车设计了停车区域的层次状态机模型,如图 2-9(b)所示,HSM 把状态进行了分类,定义了高层次状态和低层次状态,该状态机在顶层状态被激活后开始工作。HSM 包含两个高层状态,即泊车状态和行驶状态,每个高层状态内部又包含一系列靠近、停车、完成等低层次状态。这种分层次状态的有机结合可以有效提高泊车效率。麻省理工学院的 Annie Way 车队和弗吉尼亚理工大学的 Odin 车队也采用 HSM 来进行行为决策,使用层次有限状态机区分不同的驾驶场景。

中科院合肥物质科学研究院陈佳佳等将驾驶行为进行抽象和分解,采用层次有限状态机的方法与多属性决策方法相结合建立无人驾驶车辆决策模型,然后使用层次分析法进行决策评判,选择最贴近理想值的决策为最优方案,解决了城市复杂交通场景下的类人决策问题。与此同时,杜明博等提出了基于决策树的驾驶行为决策模型,针对驾驶员的视觉注意力特点,建立了运动规划与视觉行为的联系,同时利用有限状态机对多场景下的无人驾驶行为进行建模。

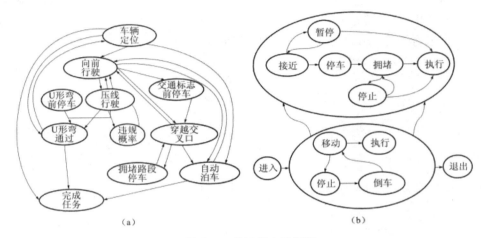

图 2-9　分层状态机模型

(a)有限状态机模型;(b)分层状态机模型

北京理工大学龚建伟等将人类驾驶员的驾驶经验转化为知识并通过离线学习建立相应的规则库,从而建立一种基于直觉的智能车辆决策方法,然后应用于智能车辆的行为决策中。陈雪梅、田赓等采用粗糙集、间隙可接受等理论,在考虑驾驶员因素的前提下,对影响复杂城市环境下的跟驰、换道行为决策的关键因素进行了筛选,剔除了不相关、弱相关影响因子,并进一步改进了城市环境下的跟驰、换道模型。

基于规则的行为决策系统优点是实施性强、实现简单,缺点是忽略了环境中动态交通因素的复杂性和不确定性,相比于人类驾驶员过于保守、灵活性差、难以胜任有人与无人驾驶汽车共存的混合交通环境下的行为决策任务。

2. 基于机器学习的行为决策

近年来,随着计算机技术和机器智能技术的发展,深度学习(Deep Learning)和强化学习(Reinforcement Learning)越来越多地被应用到无人驾驶汽车的行为决策系统中,旨在使智能汽车具有更好的拟人性、自主性,能更加安全、高效地面对真实交通环境。

Brechtel 等采用部分可观测马尔科夫过程方法,针对交叉口盲区汽车不能被提早发现的问题(该问题被视为一个连续空间的驾驶问题),使用盲区汽车的位置及速度作为模型输入进行仿真研究,但是当其信念空间无穷大时,由于计算量大,计算效率难以满足真实道路环境下的更新需求。

此外,强化学习方法也被应用于真实环境下的无人驾驶汽车行为决策,进一步提高决策模型的环境自适应,Google 无人驾驶汽车研究团队将这一研究成果发表在 *Nature* 上,得到了广泛关注。Sharifzadeh 等采用了相似的研究方法,实现了高速道路上换道超车,并仅在简单模拟环境中进行了验证。Tomoki Nishi 利用 Passive Actor Critic(PAC)算法提出了一种基于多策略决策的汇入方法。C.K.Tham 等采用模块化 Q-learning 算法对机器人的操纵任务进行分解,并进行了具体控制。

Huang 等提出一种连续批判学习的纵向速度控制模型,根据汽车当前状态在线学习,通过控制实际制动和油门跟踪期望速度。Wang 等提出一种新型自学习路径跟踪控制方法,利用自适应 / 近似动态规划(Adaptive / Approximate Dynamic Programming,ADP)进行优化控制。连传强等采用相似的研究方法实现了在不同的道路形状及车速条件下获得较高的控制精度。

该类模型具有较好的泛化能力和实时性,但是对先验驾驶知识和训练数据的依赖性较大,只有在训练数据足够充分的条件下才有意义。将映射关系固化到网络结构中,存在"黑箱"问题,其解释性较差,应用在实际系统中更是难以发现产生问题的根本原因。

3. 基于效用 / 价值的决策模型

上述行为决策方法大部分是通过基于状态转移、产生式规则、案例或者映射关系得到驾驶动作,采用启发式方法从先验驾驶知识中找到行驶策略,但是对驾驶策略的好坏程度缺乏定量评估。基于效用 / 价值的决策模型在进行决策方案选择时,根据最大效用理论,通过定义效用 / 价值函数,在多个备选方案中选择出最优的驾驶策略 / 动作。如无人驾驶汽车行为决策,一般通过行车安全、高效性及舒适性等多个准则属性定量地评估驾驶策略的好坏程度。

Bahram 等提出了一种预测反应的驾驶策略选择机制,通过对未来驾驶场景的预测,根据行车安全、交通规则及驾驶舒适性等多目标定量评估驾驶策略的好坏,获取汽车行驶的实时最优策略,并在仿真环境中得到验证。荷兰代尔夫特理工大学的 Wang Meng 等基于最优控制和动态博弈理论提出了一种适用于自动驾驶汽车的滚动时域控制法,通过预测确定汽车的期望车道序列和连续加速度使得自身收益函数最小化,求解均衡解给出车道变换和汽车跟驰综合控制的预测方法。结果表明,所提出的方法在满足安全性和舒适性要求的同时能够得到有效的换道策略,并将此应用于自动驾驶汽车。

二、基于驾驶行为的决策研究

1. 车道内驾驶行为决策研究

车道内行为决策主要是汽车跟驰行为,该行为决策主要受通车道前后车驾驶行为以及左右车道换道汽车驾驶行为影响。根据跟驰模型算法可以将跟驰模型的研究分为两大类:数学分析模型和人工智能模型。数学分析模型揭示汽车跟驰过程中速度、头车时局、加速度等参数之间的关系,如考虑了车头间距和跟驰车速度的 GHR 模型,引入驾驶员的驾驶偏好,考虑最大意愿加减速的 Gipps 模型,引入期望车头时距的 Helly 模型等。跟驰行为是多种因素作用影响的结果,若考虑多种特性的数学分析模型,则会变得非常复杂。

Helbing 等提出 IDM 模型,可以以统一形式同时描述车辆从自由流到拥堵流不同状态的跟车模型,但是 IDM 模型仅考虑了与车道内前车的跟驰行为,并未考虑侧向汽车驾驶行为的影响。同济大学孙剑等选用智能驾驶模型 IDM,考虑到 IDM 模型存在只考虑本车道前方直行汽车驾驶行为的影响,并未考虑侧向汇入汽车的问题,在其基础上提出了 CF+ 跟驰模型。该模型使在主线上的智能汽车不仅考虑了本车道前方跟驰汽车,还考虑了汇入段汇入汽车的位置及速度,使得智能汽车能够提前进行加减速操作,从而避免与汇入汽车产生冲突。

目前,大量学者将人为因素考虑到跟驰模型中进行研究,人工智能模型具有运算效率高、学习能力强等特点,被广泛地应用于交通问题中,其中包括汽车跟驰行为研究,在跟驰方面有基于前馈神经网络的一般状态和应急疏散状态的跟驰模型,以及引入特征聚类的改善神经网络跟驰模型等。陈雪梅等通过粗糙集对驾驶员行为数据和周围汽车运动数据进行预处理,提取影响决策的关键因素,通过神经网络学习跟车决策,为复杂动态环境下的汽车跟驰决策提供理论基础。驾驶员的驾驶习惯和偏好会影响汽车跟驰行为,驾驶员的记忆也会对驾驶行为产生影响,Xin 等通过引入速度记忆改进传统非线性模型;Pei 等将记忆效应以伽马分布的形式引入线性跟驰模型;孙倩等基于 LSTM 神经网络方法搭建汽车跟驰模型,该神经网络的车辆跟驰模型考虑了驾驶员的记忆效应影响时长,使仿真结果更接近实际驾驶行为。

2. 车道间驾驶行为决策研究

车道间变道驾驶行为主要包括:超车和汇入行为。车道间的驾驶行为受到周边汽车环境、交通规则、强时空约束、安全因素等综合影响,已成为影响城市交通安全的突出因素。换道过程的决策行为主要包括纵向和横向运动。纵向运动发生在同一条车道线上,横向运动表现为换道的行为。在智能汽车决策过程中,横向和纵向的运动将会受到交通条件和运动算法的约束。

早期有关学者将相关汽车间的交互行为引入驾驶模型研究中，Hidas 等提出了一种概念换道模型，如图 2-10 所示，模型考虑换道过程可以通过与目标车道相关汽车之间的交互达到足够安全换道的间隙而实现换道。与 Gipps 模型相比，该模型更加符合人类驾驶行为习惯，克服了 Gipps 模型仅在足够安全的候选间隙才可以换道的缺陷，但是该模型的不足之处是没有被现场数据验证过。

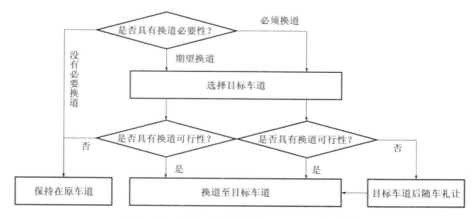

图 2-10 Hidas 等提出的 ARTEMIS 换道流程

Fotiades K 在智能汽车公路系统中提出了一种汽车快速换道算法，保证了在车辆换道过程中乘客的舒适性和汽车的稳定性。Nishiwaki Y 认为，换道的时间和轨迹是不确定的，根据统计学原理建立了基于隐马尔科夫的车道变换模型。Tomar R S 认为，车道变化是引起道路交通事故的一个主要原因，提出了基于神经网络的车道变换模型，考虑了汽车周围环境不确定性和换道驾驶员行为的因素。王畅建立了基于预瞄 - 跟随理论的智能汽车换道轨迹跟随模型，提出了自动换道跟随算法。该模型体现了真实的驾驶行为，提高了智能汽车的行驶稳定性。Tehrani 等比较了驾驶员和计算机生成的变换车道行为，开发了一种能够同时考虑横向和纵向运动的轨迹算法，与出租车驾驶员相比较，该算法能够使汽车具有更好的运动平滑性。Sun 等应用感知 LSTM 算法预测汽车执行车道变换的意图，利用汽车过去轨迹和其临近车道的当前状态预测变道时间，提高自动驾驶车辆的整体性能。

合流区作为交通瓶颈区，存在大量的车道变换行为，经常形成拥堵，交通事故频发。国外关于快速路合流区汇入研究较早，早期集中在分析合流区相关特征变量对汇入汽车换道行为的影响。Worrall 等认为主线车道与加速车道汽车之间的相对速度对汇入汽车汇入主线起着决定作用。Wattleworth 等研究发现汇入汽车与加速车道末端的距离越小，则越倾向于选择较小的间隙。与国外相比，国内对合流区汇入的研究则起步较晚。Sun 等通过对瓶颈路段交通数据的分析，得出瓶颈区交通拥堵的原因，分析影响因素对瓶颈区智能车通行决策具有指导意义。陈海涛等分析了不同交通流量下四种匝道分布类型的通行效率。盘意伟等研究了匝道合流瓶颈区拥堵的产生、扩散到消散过程中的特性及机理。

上述换道行为研究主要是从传统的微观交通行为建模的角度出发,换道模型在无人驾驶汽车中的实用性和可靠性得不到有效保障,在复杂的交通环境中不能实现决策的自适应性,也不能很好地满足无人驾驶汽车对决策模型的鲁棒性和灵活性的要求。城市环境快速路汇入要求在短的时间和有限的空间等多约束条件下做出安全有效的决策,给无人驾驶汽车的决策系统提出了更高的要求。Yang提出了纵向的控制算法,引导无人车汇入主线并根据与目标间隙的距离提供速度策略。Liu等利用改进后的博弈论框架对高速公路匝道的汇入行为进行建模。Lu和Milan等针对自动高速公路系统的无人驾驶汽车汇入提出了纵向控制方法,并将全自动汇入操作的测试结果作为自动高速公路系统的一部分。Cao等提出了一种优化汇入路径的路径生成方法,对相关汽车的加速度使用模型预测控制(MPC)方法进行优化。

3. 交叉口通行决策研究

国内外许多学者对城市不同交通环境下的汽车通行状况进行了大量、系统的研究,从不同的研究角度提出了许多汽车通行模型。

Horiuchi等通过GM(General Motor)微观模型描述速度与流量之间的宏观关系。模型形式简单、物理意义明确,但其通用性能不高,不能随着交通环境和运行状态的改变而做出相应的改变,只能描述具体某段时间内的交通流行为,泛化能力太低;Evans等提出的线性模型,尽管考虑了通行过程中,头车制动对跟随车辆的影响,但与GM模型一样,对复杂多变的城市交叉口交通环境不能起到很好的作用,只适用于单一、简单的环境。Liang等提出了在汽车通行过程中保持前车和跟随车间的安全距离的防撞模型(Collision Avoidance Models, CA),基于CA模型又演变出了SISTM、INTRAS和CARSIM等模型,CA模型会严格遵守"最小安全距离"的准则,但其在处理人—车—路(环境)多源融合信息时,反应的精准性和实时性远远不够。

基于人类生理和心理的研究,Roland Bremond基于眼动数据进行无信号道路交叉口驾驶员行为决策过程中的认知心理模式识别。研究表明,可以通过一个人的眼动轨迹来预测行为决策的认知过程。中科院心理研究所赵楠等提出驾驶员的视觉注意在驾驶场景中的聚焦和转移,研究中心视觉与周边视觉的划分、视觉注意聚焦的空间分布、视觉注意转移的模式和特征,获取不同视觉注意分配模式。Kayukawa等提出的模糊推理模型通过得到的模糊集的真实度,结合自身逻辑推理,做出相应的行为决策;但该模型具有很强的局部稳定性,其模型的实时决策和泛化能力得不到保证。

Nedevska等对于不同的驾驶员特性(驾驶行为的一致性及相似性)提出了间隙接受理论的四种模型,通过测量不同汽车的接受间隙和最大拒绝间隙等参数,使用Raff方法、Ashworth 方法和极大似然估计法对临时间隙进行估计,综合入口车道数、左转车道比例、主路车速等因素给出决策。李玮等提出了一种新的换道轨迹函数,建立了一种高速公路车辆自由换道模型,解决了传统换道模型存在的侧向加速度过大或者曲率不连续的缺陷,但是研究的对象和汽车周围环境都比较单一和简单,不适用于城市的复杂环境。王华东等提出了新的机动车微观模型,即相互作用模型。该模型能全面描述机动车的加减速不平衡性、驾驶决策的多样性、停车、起动、超车等行为。Claire D'Agostino 等根据决策树和线性逻辑分析的方法,构建了一种基于学习的自动识别驾驶行为模型,但是决策树对于连续的状态空间和高维度的决策过程也很难预测。

综上,国内外众多科研单位和企业都投入极大资金与人力进行无人驾驶汽车的行为决策研究,但面对交通环境信息的复杂性、随机性、不确定性等特点,如何对周边汽车状态、非机动车、行人进行准确理解并做出安全高效的决策成为无人驾驶汽车研究的重中之重。本书从无人驾驶汽车的数据采集入手,为行为决策提供数据支持,进而展开行为决策研究,基于模拟仿真软件为行为决策研究提供验证优化平台。

第三章 车辆运动学与动力学建模

车辆运动学模型或者动力学模型对实现基于模型预测控制的无人驾驶车辆运动规划与跟踪控制具有重要意义。一方面,如果在运动规划阶段能够充分考虑车辆的运动学和动力学特性,利用车辆运动模型预测其在未来一段时间内的行驶状态,进而"事先"生成满足各种安全约束的最优运动轨迹,则可以极大地提高规划结果的可行性。另一方面,若在跟踪控制过程中综合考虑车辆的运动特性、操纵性能及执行机构约束等,则可以更有效地跟踪规划结果,减少或者避免交通事故的发生。因此,合理的车辆运动模型是建立模型预测控制器的基础。

车辆在地面的运动过程是非常复杂的,具有惯性、弹性、阻尼等许多动力学特点。由于构成汽车动力学系统的元件,如轮胎、悬架、转向系统等,具有高度非线性特性,因此车辆运动过程的描述通常涉及非常复杂的非线性微分方程,且其复杂度随模型预测精度的提高而增加。车辆模型的复杂度对基于模型预测的无人驾驶车辆运动规划与控制提出了极大的挑战,主要表现在过于复杂的车辆模型不仅会占用大量的计算资源,而且会增加优化求解的难度,使得控制算法的实时性难以满足实车应用的需求。另外,时变的道路曲率、路面倾角和多样的地面附着条件等道路因素的影响进一步增加了无人驾驶车辆模型预测控制的难度。考虑到模型预测控制对车辆运动模型的需求主要体现在对车辆未来状态的预测,以及车辆运动学约束与动力学约束方面,因此本章并不关注过于复杂的车辆模型,而是从无人驾驶车辆运动规划和跟踪控制的角度出发,通过对约束进行简化和近似等手段来建立能够尽量准确反映车辆运动特性,且有利于模型预测控制器设计的简化车辆运动学模型和动力学模型。

本章将以前轮转向、前轮驱动的乘用汽车为控制目标,首先介绍车辆运动学建模过程,包括转向运动学模型和跟踪误差模型;其次描述车辆横摆动力学模型及其线性化模型的建模过程;最后介绍综合等效约束的车辆动力学模型建模过程,并基于联合仿真平台对所建立的运动学模型和动力学模型进行有效性验证。

第一节　车辆运动学建模

车辆运动学模型从几何学的角度研究车辆的运动规律，包括车辆的空间位姿、速度等随时间的变化。当车辆在良好路面上低速行驶时，一般不需要考虑车辆的操纵稳定性等动力学问题，此时基于运动学模型设计的路径跟踪控制器具备可靠的控制性能。

一、车辆运动学模型

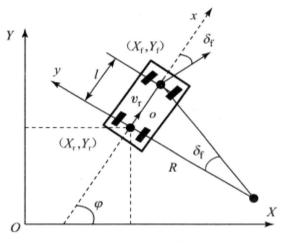

图 3-1　车辆运动模型

描述车辆的运动通常涉及两个坐标系：惯性坐标系 XOY 和车体坐标系 xoy，如图 3-1 所示。其中，惯性坐标系为惯性导航系统使用的坐标系，而车体坐标系主要用于描述车辆的相对运动。本书中定义惯性坐标系的 X 轴指向东向，Y 轴指向北向，Z 轴向上为正；定义车体坐标系 x 轴为车辆前方，y 轴指向车辆左侧。此时，车辆的横摆角 φ 定义为车体坐标系 x 轴与惯性坐标系 X 轴之间的夹角，逆时针为正。

假设车辆在任意时刻做直线运动或者绕某个点做圆周运动，并忽略悬架的作用，则可以得到车辆的转向运动模型，其中，(Xr, Yr) 和 (Xf, Yf) 分别为车辆后轴中心和前轴中心在惯性坐标系下的坐标，vr 为车辆在后轴中心处的速度，l 为轴距，R 为后轴中心的瞬时转向半径，δf 为前轮偏角。

在后轴行驶轴心 (Xr, Yr) 处，速度为

$$v_r = \dot{X}_r \cos\varphi + \dot{Y}_r \sin\varphi \tag{3-1}$$

前、后轴的运动学约束为

$$\begin{cases} \dot{X}_f \sin(\varphi + \delta_f) - \dot{Y}_f \cos(\varphi + \delta_f) = 0 \\ \dot{X}_r \sin\varphi - \dot{Y}_r \cos\varphi = 0 \end{cases} \qquad (3\text{-}2)$$

由式（3-1）和式（3-2）联合可得

$$\begin{cases} \dot{X}_r = v_r \cos\varphi \\ \dot{Y}_r = v_r \sin\varphi \end{cases} \qquad (3\text{-}3)$$

根据前后轮的几何关系可得

$$\begin{cases} X_f = X_r + l\cos\varphi \\ Y_f = Y_r + l\sin\varphi \end{cases} \qquad (3\text{-}4)$$

将式（3-3）和式（3-4）代入式（3-2），可解得横摆角速度为

$$\omega = \frac{v_r}{l}\tan\delta_f \qquad (3\text{-}5)$$

其中，ω 为车辆横摆角速度；同时，由 ω 和车速 vr 可得到转向半径 R 和前轮偏角 δ f：

$$\begin{cases} R = v_r / \omega \\ \delta_f = \arctan(l / R) \end{cases} \qquad (3\text{-}6)$$

由式（3-3）和式（3-5）可得到车辆运动学模型为

$$\begin{bmatrix} \dot{X}_r \\ \dot{Y}_r \\ \dot{\varphi} \end{bmatrix} = \begin{bmatrix} \cos\varphi \\ \sin\varphi \\ \tan\delta_f / l \end{bmatrix} v_r \qquad (3\text{-}7)$$

该模型可被进一步表示为更为一般的形式：

$$\dot{\xi}_{kin} = f_{kin}(\xi_{kin}, u_{kin}) \qquad (3\text{-}8)$$

其中，状态量 $\xi_{kin} = [Xr, Yr, \phi]T$，控制量 $u_{kin} = [v_r, \delta f]T$。在无人驾驶车辆的路径跟踪控制过程中，往往希望以 $[v_r, \omega]$ 作为控制量，将式（3-5）代入式（3-7）中，则该车辆运动学模型可以被转换为如下形式：

$$\begin{bmatrix} \dot{X}_r \\ \dot{Y}_r \\ \dot{\varphi} \end{bmatrix} = \begin{bmatrix} \cos\varphi \\ \sin\varphi \\ \tan\delta_f / l \end{bmatrix} v_r + \begin{bmatrix} 0 \\ 0 \\ 1 \end{bmatrix} \omega \qquad (3\text{-}9)$$

二、车辆运动学模型验证

为了验证所建立的车辆运动学模型，在 MATLAB/Simulink 环境中搭建该运动学模型，在相同的输入条件下与在 CarSim 环境中所建立的整车模型进行对比分析。其中，相

同的输入条件是指前轮偏角与车速随时间的变化历程相同,输出均为车辆位置和航向。

车辆基本参数设置为:

轴距:l=2.7 m;

初始状态:ξ_{kin} =[0,0,0]。

用于模型验证的输入信号随时间的变化历程如图 3-2 所示,其中图 3-2(a)所示为车速随时间的变化历程,图 3-2(b)所示为前轮偏角随时间的变化历程。上述建立的运动学模型和 CarSim 整车模型的输出信号如图 3-3 所示。其中图 3-3(a)所示为两者在给定的输入条件下输出的位置信息对比,图 3-3(b)所示为两者的航向角信息对比。如果对 CarSim 和 Simulink 的联合使用方法不熟悉,则可在看完第四章的详细仿真步骤说明后,再完成模型的验证。

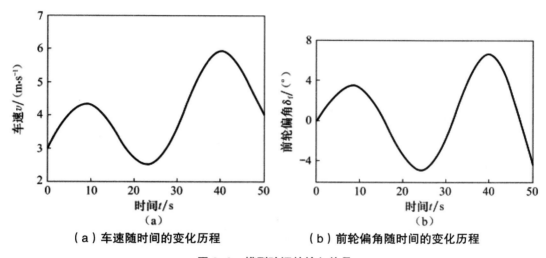

（a）车速随时间的变化历程　　　　　（b）前轮偏角随时间的变化历程

图 3-2　模型验证的输入信号

从图 3-3 中的结果对比可以看出,在相同的速度和前轮偏角输入下,运动学模型的车辆位置和航向角与 CarSim 输出的结果非常吻合。也就是说,式(3-8)表示的模型能够较好地反映车辆行驶时的运动学特性。在后续规划算法及低速轨迹跟踪控制算法中,将在仿真实验中使用该模型。

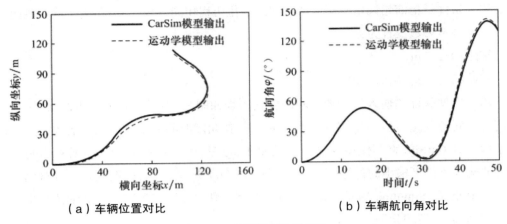

（a）车辆位置对比　　　　　　　　（b）车辆航向角对比

图 3-3　模型输出结果对比

三、车辆跟踪误差模型

跟踪误差模型是无人驾驶车辆路径跟踪控制中常用的车辆运动模型之一，如图 3-4 所示。其中，路径跟踪过程中的距离偏差 ed 定义为车辆后轴中心与其在道路中心线上的投影点之间的距离，定义车辆在道路左侧时距离偏差为正。航向偏差 eφ＝φ－φroad，φroad 表示道路中心线切向与惯性坐标系 X 轴的夹角，逆时针为正。

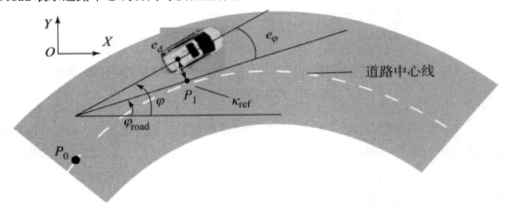

图 3-4　车辆跟踪误差模型示意

设车辆后轴中心在道路中心线上的投影点为 P1，定义 s 为 P1 与道路中心线上的某参考点 P0 之间的弧长，且 κref=1/R 为 P1 点处的曲率，则 P1 点沿道路中心线的移动速度 $\dot{s}$ 可以表示为

$$\dot{s} = \frac{1}{1 - \kappa_{ref} e_d} \left[v_x \cos(e_\varphi) + v_y \sin(e_\varphi) \right] \tag{3-10}$$

其中，v_x 和 v_y 分别为车辆后轴中心处的速度在车体坐标系 x 轴和 y 轴上的分量。

车辆跟踪误差方程可以表示为

$$\dot{e}_\varphi = \dot{\varphi} - \kappa_{ref}\dot{s}$$
$$\dot{e}_d = v_x \sin(e_\varphi) + v_y \cos(e_\varphi)$$

(3-11)

对航向偏差 e_φ 采取小角度假设 [$\sin(e_\varphi) \approx e_\varphi$ ，$\cos(e_\varphi) \approx 1$]，令 $\kappa_{ref}e_d \approx 0$，则式（3-11）可以简化为

$$\dot{e}_\varphi = \dot{\varphi} - \frac{\kappa_{ref}v_x}{1 - \kappa_{ref}e_d} \approx \dot{\varphi} - \kappa_{ref}v_x$$
$$\dot{e}_d = v_x e_\varphi + v_y$$

(3-12)

忽略车辆的横向速度 v_y，且认为 $\kappa_{ref}e_d \approx 0$，则式（3-12）可以写作

$$\begin{bmatrix} \dot{e}_\varphi \\ \dot{e}_d \end{bmatrix} = \begin{bmatrix} 0 & 0 \\ v_x & 0 \end{bmatrix} \begin{bmatrix} e_\varphi \\ e_d \end{bmatrix} + \begin{bmatrix} \dfrac{v_x}{l_{fr}} \\ 0 \end{bmatrix} \tan(\delta_f) + \begin{bmatrix} -v_x \\ 0 \end{bmatrix} \kappa_{ref}$$

(3-13)

由式（3-5）和式（3-6）可以得到 $\kappa_{ref} = \tan(\delta_{ref})/l_{fr}$，其中，$\delta_{ref}$ 表示由参考路径 获 取的前馈控制量。令 u1= $\tan(\delta_f) \approx \delta f$、u2= $\tan(\delta_{ref}) \approx \delta_{ref}$、$\xi$ =[e φ ed]T，则式（3-13）可以简写为

$$\dot{\xi} = A\xi + B_1u_1 + B_2u_2$$

(3-14)

其中，$A = \begin{bmatrix} 0 & 0 \\ v_x & 0 \end{bmatrix}$ $B_1 = \begin{bmatrix} \dfrac{v_x}{l_{fr}} & 0 \end{bmatrix}^T$，$B_2 = \begin{bmatrix} -\dfrac{v_x}{l_{fr}} & 0 \end{bmatrix}^T$。

基于跟踪误差模型设计无人驾驶车辆的模型预测控制器可以方便地对跟踪过程中的航向偏差和距离偏差施加约束，同时可以考虑道路曲率对跟踪效果的影响，有利于提升弯道跟踪的效果。

第二节　车辆横摆动力学建模

车辆动力学模型一般包括用于分析车辆平顺性的质量—弹簧—阻尼模型和分析车辆操纵稳定性的车辆—轮胎模型。两者研究的侧重点不同，平顺性分析的重点是车辆的悬架特性，而车辆操纵稳定性分析的重点是车辆纵向及侧向动力学特性。本书的主要研究目标是使车辆快速而稳定地跟踪给定的期望路径，属于车辆操纵稳定性范畴，因此对于悬架特性不做深入探究。

一、车辆横摆动力学微分方程

本书所建立的动力学模型主要是作为模型预测控制器的预测模型使用,需要在较为准确地描述车辆动力学过程的基础上尽可能地进行简化,以减少控制算法的计算量。因此,在车辆动力学建模时,要进行以下理想化假设:

（1）假设无人驾驶车辆在平坦路面上行驶,忽略车辆垂向运动。

（2）假设悬架系统及车辆是刚性的,忽略悬架运动及其对耦合关系的影响。

（3）只考虑纯侧偏轮胎特性,忽略横向、纵向轮胎力的耦合关系。

（4）不考虑轮胎的横向载荷转移。

（5）认为轮距相对于转弯半径可忽略不计,使用单轨模型来描述车辆运动。

（6）忽略横向和纵向空气动力学对车辆横摆特性的影响。

基于上述假设可以得到车辆横摆动力学模型,如图 3-5 所示。此模型重点关注车辆沿 x 轴和 y 轴的运动,以及绕 z 轴的转动。

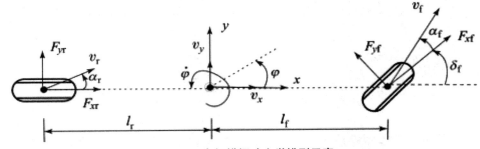

图 3-5　车辆横摆动力学模型示意

对车辆进行受力分析,根据其受力平衡和力矩平衡可以得到

$$m(\dot{v}_x - v_y\dot{\varphi}) = F_{xf}\cos(\delta_f) - F_{yf}\sin(\delta_f) + F_{xr} - F_{dissp}$$
$$m(\dot{v}_y + v_x\dot{\varphi}) = F_{xf}\sin(\delta_f) + F_{yf}\cos(\delta_f) + F_{yr} \qquad (3\text{-}15)$$
$$I_z\ddot{\varphi} = l_f\left[F_{xf}\sin(\delta_f) + F_{yf}\cos(\delta_f)\right] - l_r F_{yr}$$

其中,m 为车辆质量, v_x 和 v_y 分别为车体坐标系下质心的纵向速度和侧向速度,Iz 为车辆绕 z 轴的转动惯量,lf 和 lr 分别为车辆质心到前、后轴的距离,Fyf 和 Fyr 分别为作用在车辆前轴和后轴上的轮胎侧向力的合力, F_{xf} 和 F_{xr} 分别为作用在车辆前轴和后轴上的轮胎纵向力的合力, F_{dissp} 表示车辆在纵向上受到阻力的合力。

若忽略前轮驱动力 F_{xf} 对车辆横摆运动的影响 [Fxfsin（δf)≈0],则式（3-15）可写作

$$\dot{v}_x = v_y \dot{\varphi} = \frac{F_x}{m}$$

$$\dot{v}_y = -v_x \dot{\varphi} + \frac{1}{m}(F_{yf} \cos(\delta_f) + F_{yr})$$

$$\ddot{\varphi} = \frac{1}{I_z}(l_f F_{yf} \cos(\delta_f) - l_r F_{yr})$$

（3-16）

其中，$F_x = F_{xf} \cos(\delta_f) - F_{yf} \sin(\delta_f) + F_{xr} - F_{dissp}$，为轮胎受到的横、纵向力在车体坐标系 x 轴上的合力。当以前轮驱动的车辆作为研究目标时，认为后轮驱动力 F_{xr} =0。

当纵向速度 v_x 恒定，即 $\dot{v}_x \approx 0\ 0$ 时，根据式（3-16）可以得到 2 自由度的车辆横摆动力学微分方程：

$$\dot{v}_y = -\dot{\varphi} v_x + \frac{1}{m}\left[F_{yf} \cos(\delta_f) + F_{yr} \right]$$

$$\ddot{\varphi} = \frac{1}{I_z}\left[l_f F_{yf} \cos(\delta_f) - l_r F_{yr} \right]$$

（3-17）

二、轮胎模型及其线性化

在车辆的运动过程中，轮胎所受的纵向力、侧向力、垂直力及回正力矩对汽车的操纵稳定性和安全性起着重要作用。由于轮胎结构复杂，动力学性能呈非线性，选择符合实际又便于使用的轮胎模型是建立车辆动力学模型的关键。

目前，主要的轮胎模型可以分为理论轮胎模型、经验轮胎模型和物理轮胎模型等。虽然轮胎模型各有不同，但是这些模型都力求更加准确地表达轮胎和地面的函数关系，并且都是描述轮胎的输入和输出之间的关系。其中，最常见的是 Pacejka 提出的以魔术公式（Magic Formula，MF）为基础的半经验轮胎模型，此模型运用三角函数的组合公式拟合轮胎试验数据，描述轮胎的纵向力 Fl、侧向力 Fc、回正力矩 Mz、翻转力矩 Mx、阻力矩 My 与侧偏角 α、滑移率之间的定量关系及纵向力、侧向力的联合作用工况，能够表达不同驱动情况时的轮胎特性。魔术公式的一般表达式为

$$Y(x) = D_{\sin}\left\{ C_{\arctan}\left[B_x - E(B_x -_{\arctan}(B_x)) \right] \right\}$$

（3-18）

其中，系数 B 为刚度因子，C 为形状因子，D 为峰值因子，E 为曲率因子，由轮胎的垂向载荷和外倾角确定；Y 为输出变量，可以是纵向力 Fl 或侧向力 Fc 或者回正力矩；x 为输入变量，在不同的情况下分别表示轮胎的侧偏角 α 或纵向滑移率。Pacejka 轮胎模型的输入量与输出量之间的关系如图 3-6 所示。

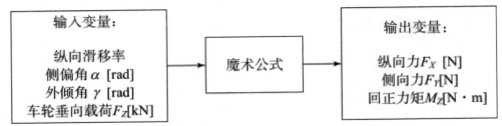

图3-6 基于魔术公式的轮胎模型的输入和输出变量

本书主要关注轮胎的侧向力,利用魔术公式计算轮胎侧向力的公式如下:

$$F_c = D_{\sin}\left\{C_{\arctan}\left[B_x - E(B_x -_{\arctan}(B_x))\right]\right\} + S_V \tag{3-19}$$

其中, $x = \alpha + S_h$, α 为轮胎侧偏角, S_h 为曲线的水平方向漂移, $S_h = A_9 F_z + A_{10} + A_8\gamma$; S_v 为曲线的垂直方向漂移, $S_v = A_{11} F_z \gamma + A_{12} F_z + A_{13}$, F_z 为轮胎受到的垂向载荷。 B 为刚度因子, $B = A_3 \sin\left[3\arctan(F_z / A_4)\right] \times (1 - A_5|\gamma|)/(C \times D)$,其中 γ 为轮胎外倾角; C 为曲线的形状因子, $C = A_0$; D 为曲线巅因子,表示曲线的最大值, $D = A_1 F_z^2 + A_2 F_z$; E 为曲线的曲率因子, $E = A_6 F_z + A_7$ 。参数 $A_0 \sim A_3$ 可以根据轮胎实验数据拟合得到,当轮胎与道路之间的附着系数为 1.0 时,其取值如表 3-1 所示。

表3-1 魔术公式参数取值

参数	A0	A1	A2	A3	A4	A5	A6
数值	1.65	- 34	1250	3036	12.8	0.00501	- 0.02103
参数	A7	A8	A9	A10	A11	A12	A13
数值	0.77394	0.002289	0.013442	0.0037	19.1656	1.21356	6.26206

在纯侧偏角作用下,根据式(3-19)计算不同轮胎垂向载荷所对应的轮胎侧向力,如图 3-7 所示。具体的计算轮胎侧向力的 MATLAB 程序请参见"chapter_2_2_2.m"。

Pacejka 提出的刷子轮胎模型也经常被用来计算轮胎侧向力,其计算公式为

$$F_1 = \begin{cases} -C_\alpha \tan(\alpha) + \dfrac{C_\alpha^2}{3\mu F_z}\left|\tan(\alpha)\right|\tan(\alpha) - \dfrac{C_\alpha^3}{27\mu^2 F_z^2}\tan^3(\alpha), \\ |\alpha| < \arctan(\dfrac{3\mu F_z}{C_\alpha}) \\ -\mu F_z \operatorname{sgn}(\alpha), |\alpha| \geq \arctan(\dfrac{3\mu F_z}{C_\alpha}) \end{cases} \tag{3-20}$$

其中, α 为轮胎侧偏角; C_α 为轮胎的侧偏刚度; μ 为轮胎与道路之间的附着系数。根据式(3-20),不同垂直载荷下轮胎侧向力与轮胎侧偏角的关系如图 3-8 所示。

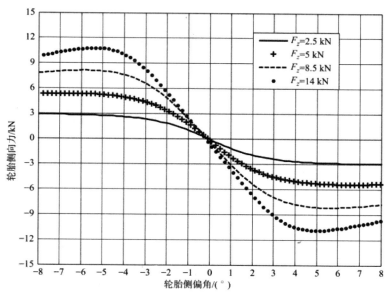

图 3-7 根据式（3-19）计算的不同垂向载荷下轮胎侧向力

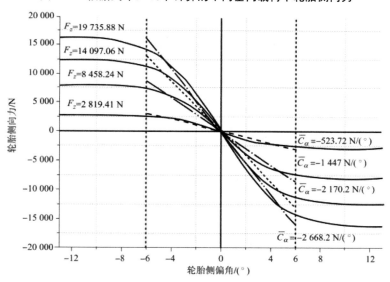

图 2.8 根据式（3-20）计算的不同垂向载荷下轮胎侧向力

根据图 3-7 和图 3-8 所示的不同载荷下轮胎侧向力与轮胎侧偏角的关系曲线可以看出，当轮胎侧偏角较小时，轮胎侧向力可以近似表示为轮胎侧偏角的线性函数：

$$F_y = \bar{C}_a \alpha \tag{3-21}$$

其中，$\bar{C}_a$ 为轮胎的线性侧偏刚度。此轮胎线性化模型在侧向加速度 $a_y \leqslant 0.4g$、轮胎侧偏角 $\alpha \leqslant 6°$ 的情景下对常规轮胎具有较高的拟合精度，因此应用式（3-21）时需对轮胎侧偏角的范围进行约束。

三、考虑道路曲率的车辆横摆动力学模型

车辆横摆动力学模型是无人驾驶车辆路径跟踪控制中常用的模型之一。但是式（3-17）所表示的车辆横摆动力学模型对模型预测控制器的设计来说还是过于复杂，因此需要对其进行进一步简化。首先，对前轮偏角 δ_f 做小角度假设，即 $\cos(\delta_f) \approx 1$、$\sin(\delta_f) \approx \delta_f$，则式（3-17）可以写作

$$\dot{v}_y = -\dot{\varphi} v_x + \frac{1}{m}(F_{yf} + F_{yr})$$

$$\ddot{\varphi} = \frac{1}{I_z}(l_f F_{yf} - l_r F_{yr}) \tag{3-22}$$

此时，式（3-22）所表示的车辆动力学模型的非线性特征主要来自轮胎非线性区的轮胎力表达，可以使用上一节推导的线性化轮胎模型对轮胎侧向力进行线性化：

$$F_{yf} = \bar{C}_{af} \alpha_f$$

$$F_{yr} = \bar{C}_{ar} \alpha_r \tag{3-23}$$

由于线性化轮胎模型只在轮胎侧偏角较小时具有较高的拟合精度，所以采用小角度假设可近似得到

$$\alpha_f = \arctan(\frac{v_y + l_f r}{v_x}) - \delta_r \approx \frac{v_y + l_f \dot{\varphi}}{v_x} - \delta_f$$

$$\alpha_r = \arctan(\frac{v_y - l_f r}{v_x}) \approx \frac{v_y - l_r \dot{\varphi}}{v_x} \tag{3-24}$$

对单轨车辆模型，可以忽略轮胎的横向载荷转移，其轮胎垂向载荷可以表示为

$$F_{zf} = \frac{1}{l_{fr}}(mgl_r - mh_{CG} a_x)$$

$$F_{zr} = \frac{1}{l_{fr}}(mgl_f = mh_{CG} a_x) \tag{3-25}$$

其中，h_{CG} 为车辆质心高度，a_x 为纵向加速度。

结合式（3-22）～式（3-25），可以得到基于前轮偏角小角度假设和线性化轮胎模型的车辆横摆动力学模型。令 $\xi = \begin{bmatrix} v_y & \dot{\varphi} \end{bmatrix}^T$ 为状态矢量、$u_1 = \delta_f$ 为输入矢量，线性化的车辆横摆动力学模型可以写成状态空间方程的形式：

$$\dot{\xi} = A\xi + B_1 u_1 \tag{3-26}$$

其中，$A = \begin{bmatrix} \dfrac{\bar{C}_{af} + \bar{C}_{ar}}{mv_x} & \dfrac{l_f\bar{C}_{af} - l_r\bar{C}_{ar}}{mv_x} - v_x \\ \dfrac{l_f\bar{C}_{af} - l_r\bar{C}_{ar}}{l_zv_x} & \dfrac{l_f^2\bar{C}_{af} + l_f^2\bar{C}_{ar}}{l_zv_x} \end{bmatrix}$，$B_1 = \begin{bmatrix} -\dfrac{\bar{C}_{af}}{m} \\ -\dfrac{l_f\bar{C}_{af}}{l_z} \end{bmatrix}$，$\bar{C}_{af}$ 和 $\bar{C}_{ar}$ 分别表示单

轨车辆模型前轮和后轮的线性侧偏刚度，在实际应用中可以通过估计得到。

式（3-26）所表示的车辆横摆动力学模型能够反映车辆的横摆特性，常被用于车辆的横摆稳定性分析。然而，此模型的不足在于没有考虑车辆的侧倾动力学特性，无法体现车辆的侧倾稳定性约束，不适用于存在复杂道路倾角的路径跟踪控制。

当无人驾驶车辆进行路径跟踪时，道路曲率对其转向特性和行驶稳定性也有重要影响，直接关系到无人驾驶车辆动力学模型的准确程度。因此，当车辆横摆动力学应用于无人驾驶车辆的路径跟踪控制时，还需要考虑道路曲率的影响，如图3-9所示。

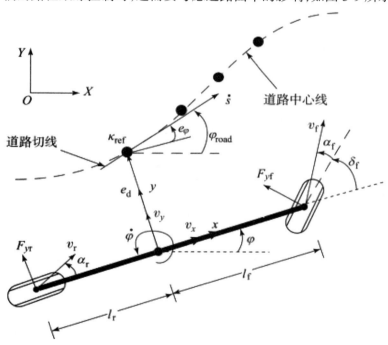

图3-9　考虑路径跟踪的车辆横摆动力学模型示意

将式（3-5）、式（3-12）与式（3-22）相结合，得到考虑道路曲率的车辆横摆动力学模型：

$$\dot{v}_y = -\dot{\varphi} v_x + \frac{1}{m}(F_{yf} + F_{yr})$$

$$\ddot{\varphi} = \frac{1}{I_z}(l_f F_{yf} - l_f F_{yr})$$

$$\dot{e}_\varphi = \frac{v_x}{l_{fr}} \tan \delta_f - v_x \kappa_{ref}$$

$$\dot{e}_d = v_x e_\varphi + v_y$$

（3-27）

其中，κ_{ref} 为由期望路径得到的参考曲率。

综合式 (3-23)、式 (3-24) 和式 (3-27)，令 $\xi = \begin{bmatrix} v_y & \dot{\psi} & e_d & e_\varphi \end{bmatrix}^T$ 为状态矢量、$u_1 = \delta_1$ 为控制输入量、$u_2 = \kappa_{ref}$ 为附加输入量，可以得到考虑道路曲率的车辆动力学模型。

$$\dot{\xi} = A\xi + B_1 u_1 + B_2 u_2$$

（3-28）

其中，$A = \begin{bmatrix} \dfrac{\bar{C}_{af} + \bar{C}_{ar}}{mv_x} & \dfrac{l_f \bar{C}_{af} - l_r \bar{C}_{ar}}{mv_x} - v_x & 0 & 0 \\ \dfrac{l_f \bar{C}_{af} - l_r \bar{C}_{ar}}{l_z v_x} & \dfrac{l_f^2 \bar{C}_{af} + l_f^2 \bar{C}_{ar}}{l_z v_x} & 0 & 0 \\ 1 & 0 & 0 & v_x \\ 0 & 1 & 0 & 0 \end{bmatrix}$, $B_1 = \begin{bmatrix} -\dfrac{\bar{C}_{af}}{m} \\ -\dfrac{l_f \bar{C}_{af}}{l_z} \\ 0 \\ 0 \end{bmatrix}$, $B_2 = \begin{bmatrix} 0 \\ 0 \\ 0 \\ -v_x \end{bmatrix}$。

四、考虑轮胎滑移的车辆动力学模型

前面几节所建立的车辆动力学模型假设车辆速度保持恒定，且忽略了轮胎与地面之间的滑移作用。实际上，轮胎滑移对轮胎的纵向力有明显的影响，特别是在道路摩擦系数较低的情况下，因此建立能够考虑轮胎滑移的车辆动力学模型也是很有必要的。比较常用的是基于前轮偏角较小和线性轮胎模型假设后的车辆动力学非线性模型，其表达式为

$$m\dot{v}_y = -mv_x\dot{\varphi} + 2\left[\bar{C}_{af}\left(\delta_f - \frac{v_y + l_f\dot{\varphi}}{v_x}\right) + \bar{C}_{af}\frac{l_r\dot{\varphi} - v_y}{v_x}\right]$$

$$m\dot{v}_x = mv_y\dot{\varphi} + 2\left[C_{lf}s_f + \bar{C}_{af}\left(\delta_f - \frac{v_y + l_f\dot{\varphi}}{v_x}\right)\delta_f + C_{lr}s_r\right]$$

$$I_z\ddot{\varphi} = 2\left[l_f\bar{C}_{af}\left(\delta_f - \frac{v_y + l_f\dot{\varphi}}{v_x}\right) - l_f\bar{C}_{ar}\frac{l_r\dot{\varphi} - v_y}{v_x}\right]$$

$$\dot{Y} = v_x\sin\varphi + v_y\cos\varphi$$

$$\dot{X} = v_x\cos\varphi - v_y\sin\varphi$$

（3-29）

其中，C_{lf} 和 C_{lr} 分别为车辆前后轮胎的纵向测偏刚度。在该系统中，状态量选取为 $\xi_{dyn} = \left[\dot{y}, \dot{x}, \varphi, \dot{\varphi}, \dot{Y}, \dot{X}\right]^T$，控制量选取为 $u_{dyn} = \delta_f$。

五、点质量车辆动力学模型

点质量车辆动力学模型忽略了车辆的尺寸信息及由横、纵向加速度引起的载荷转移，用一个带质量的点来描述车辆运动，是对车辆单轨模型的进一步简化，通常用于无人驾驶车辆的路径规划阶段，可以有效地降低轨迹规划的计算量。点质量车辆动力学模型在惯性坐标系中的运动方程和受力平衡可以表示为

$$\begin{aligned}
&\dot{x} = v_x \cos\varphi - v_y \sin\varphi \\
&\dot{y} = v_x \sin\varphi + v_y \cos\varphi \\
&ma_y = F_y \\
&ma_x = F_x - F_{dissp}
\end{aligned} \tag{3-30}$$

其中，F_x 和 F_y 是车辆在纵向和横向上受到的合力，$F_{dissp} = ma_d$ 表示车辆在纵向上受到的阻力的合力，a_d 为阻力引起的车辆加速度。

对无人驾驶车辆点质量车辆动力学模型，轮胎横、纵向力的合力应该在路面所能提供的附着力范围之内，即满足摩擦圆约束：

$$F_x^2 + F_y^2 \leqslant (k\mu F_z)^2 \tag{3-31}$$

其中，$k \leqslant 1$ 为比例系数，限制轮胎摩擦力饱和。

根据式（3-27），轮胎横、纵向力的耦合约束可以通过轮胎摩擦圆约束映射到加速度约束上，如图 3-10 所示：

$$m\left[(a_x + a_d)^2 + (a_y)^2\right] \leqslant (k\mu F_z)^2 \tag{3-32}$$

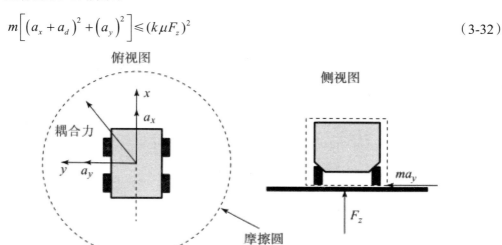

图 3-10　不同垂向载荷下轮胎侧向力示例

第三节　综合等效约束车辆动力学建模

前两节介绍的车辆模型未能考虑车辆的操纵稳定性,或者只能体现车辆的横摆稳定性。鉴于无人驾驶车辆的操纵稳定性需要综合考虑车辆的横摆稳定性和侧倾稳定性,因此建立横摆、侧滑和侧倾综合等效约束的车辆动力学模型对研究无人驾驶车辆的操纵稳定性分析及其最优控制具有十分重要的作用。此外,车辆动力学模型还应该综合复杂道路环境,如道路倾角、曲率及轮胎与地面的附着条件等因素的影响。

一、考虑侧倾约束的车辆动力学模型

考虑车辆的侧倾运动,建立横摆、侧滑和侧倾综合等效约束的车辆动力学模型,其受力分析示意如图 3-11 所示。

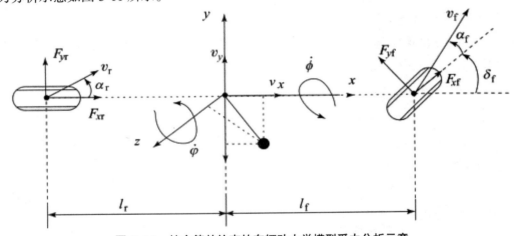

图 3-11　综合等效约束的车辆动力学模型受力分析示意

根据牛顿第二定律,分别得到车辆沿 y 轴的受力平衡方程及车辆绕 z 轴和 x 轴的转动力矩平衡方程:

$$m\dot{v}_y = F_y - mv_x + mh\left[\sin(\theta)\sin(\phi)\dot{\phi}\dot{\phi} - \sin(\phi)\dot{\phi}^2 - \sin(\phi)\dot{\phi}^2\right. \\ \left. - \sin(\theta)\cos(\phi)\ddot{\phi} - 2\cos(\phi)\dot{\theta}\dot{\phi} + \cos(\phi)\ddot{\phi}\right] \tag{3-33}$$

$$\ddot{\varphi} = \left\{I_x\sin(\theta)^2 + \cos(\theta)^2\left[I_y\sin(\phi)^2 + I_z\cos(\theta)^2\right]\right\} \\ = M_z - h_{CG}\left[F_x\sin(\phi) + F_r\sin(\theta)\cos(\phi)\right] \tag{3-34}$$

$$\ddot{\phi}\left[I_x\cos(\theta)^2 + I_y\sin(\theta)^2\sin(\phi)^2 + I_z\sin(\theta)^2\cos(\phi)^2\right]$$
$$=-M_x + h_{CG}\left[F_Y\cos(\theta) + mg\sin(\phi)\right] + \dot{\theta}\dot{\phi}\left[I_y\cos(\phi)^2 + I_z\sin(\phi)^2\right] \tag{3-35}$$
$$+\dot{\phi}\Delta I_{yz}\left[\dot{\phi}\sin(\phi)\cos(\phi)\cos(\theta) + \dot{\phi}\sin(\phi)\cos(\phi)\sin(\theta)\right]$$

其中，$F_X = F_{xf}\cos(\delta_f) - F_{yf}\sin(\delta_f) + F_{xr} - F_{dissp}$ 为轮胎受到的横、纵向力在车体坐标系 x 轴上的合力，$F_Y = F_{xf}\sin(\delta_f) + F_{yf}\cos(\delta_f) + F_{yr}$ 为轮胎受到的横、纵向力在车体坐标系 y 轴上的合力。I_x、I_y 和 I_z 分别为车辆绕 x 轴、y 轴和 z 轴的转动惯量，$\Delta I_{yz} = I_y - I_z$，$\Delta I_{xz} = I_x - I_z$ 为交叉转动惯量，h_{CG} 为车辆质心高度，ϕ 和 $\dot{\phi}$ 分别为车体的侧倾角及侧倾角变化率，θ 和 $\dot{\theta}$ 分别为车体的俯仰角及俯仰角变化率。此时，车体的侧倾角主要是由于车辆悬架系统变形所产生的。将车辆的悬架系统简化为一个弹簧—阻尼模型，则 $M_x = K_\Phi\phi + D_\Phi\dot{\phi}$ 为悬架系统产生的侧倾阻力矩，K_Φ 和 D_Φ 分别表示车辆的侧倾刚度系数和侧倾阻尼系数。

本书主要关注无人驾驶车辆的横摆运动与翻滚运动，因此对于车辆的俯仰运动，令 $\theta \approx 0$、$\dot{\theta} \approx 0$，则式 (3-33)~式 (3-35) 可以简化为

$$m\dot{v}_y = F_y - mv_x\dot{\phi} - mh_{CG}\sin(\phi)\dot{\phi}^2 + mh_{CG}\ddot{\phi}\cos(\phi) - mh_{CG}\sin(\phi)\dot{\phi}^2 \tag{3-36}$$

$$\ddot{\varphi} = \frac{M_z - F_X h_{CG}\sin(\phi)}{I_z\cos(\phi)^2 + I_y\sin(\phi)^2} \tag{3-37}$$

$$\ddot{\phi}I_x = F_Y\cos(\theta)h_{CG} + mgh_{CG}\sin(\phi) + \dot{\phi}^2\Delta I_{yz}\sin(\phi)\cos(\phi) - M_x \tag{3-38}$$

对车辆前轮偏角 δ_f 和侧倾角 ϕ 等参数做小角度假设，忽略 F_X 对车辆横摆特性的影响，并且假设 $\dot{\phi}^2 \approx 0$、$\dot{\varphi}^2 \approx 0$、$\Delta I_{yz} \approx 0$、$\Delta I_{xy} \approx 0$，则式 (3-36)~式 (3-38) 可简化为

$$m\dot{v}_y = -m\dot{\varphi}v_x + mh_{CG}\ddot{\phi} + (F_{yf} + F_{yr}) \tag{3-39}$$

$$I_z\ddot{\varphi} = (l_f F_{yf} - l_r F_{yr}) \tag{3-40}$$

$$I_x\ddot{\phi} = ma_{Gy}h_{CG} + mgh_{CG}\phi - M_x \tag{3-41}$$

其中，$ma_{Gy} = F_y\cos(\phi)$，$a_{Gy} = \dot{v}_y + \dot{\varphi}v_x - h_{CG}\ddot{\phi}$ 为车辆质心处的横向加速度。

式 (3-39)~式 (3-41) 即为横摆、侧滑和侧倾综合等效约束的车辆动力学微分方程。然而，此模型未能体现道路倾角及曲率等因素对车辆动力学特性的影响。

二、考虑道路倾角与曲率的车辆动力学模型

道路倾角与曲率对无人驾驶车辆的操纵稳定性有着重要影响，直接关系到车辆动力学模型的准确程度。结合上一小节得到的综合考虑横摆、侧滑和侧倾约束的车辆动力学模型，建立考虑道路倾角及曲率影响的车辆动力学模型，如图 3-12 所示。

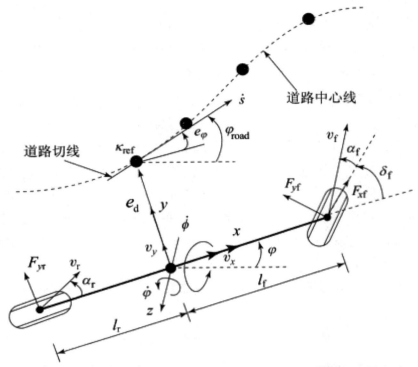

图 3-12　考虑侧倾约束的车辆动力学模型跟踪时变曲率道路示意图

考虑侧倾约束的车辆动力学模型跟踪时变曲率参考道路的跟踪误差方程可由式（3-12）得到，即 $\dot{e}_\varphi = \dot{\varphi} - \kappa_{refvx}\dot{e}_d = v_x e_\varphi + v_y$。

考虑存在道路倾角 ϕ_t 的情况（图 3-13），车辆质心处受到的合力在 y 轴上的分力可表示为

$$\sum F_y = F_{yf} + F_{yr} + mg\sin\phi_1 = F_{yf} + F_{yr} - mg\phi_r \tag{3-42}$$

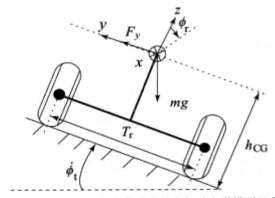

图 3-13　考虑道路倾角与曲率的车辆动力学模型示意

由于车辆悬架系统变形产生的车体侧倾角为 $\phi_r = \phi - \phi_t$，其变化率为 $\dot{\phi}_r = \dot{\phi} - \dot{\phi}_t$，假设 $\dot{\phi}_t \approx 0$，则车辆悬架系统所产生的侧倾阻力矩 M_x 可以表示为

$$M_x = K_\phi(\phi - \phi_t) + D_\phi\dot{\phi} \tag{3.43}$$

此时，式（3.39）和式（3.41）可改写为

$$m\dot{v}_y = -m\dot{\phi}v_x + mh_{CG}\ddot{\phi} + (F_{yf} + F_{yr}) - mg\phi \tag{3.44}$$

$$I_x\ddot{\phi} = mh_{CG}(\dot{v}_y + rv_x - h_{CG}\ddot{\phi}) + mgh_{CG}\phi - K_\phi(\phi - \phi_t) + D_\phi\dot{\phi} \tag{3.45}$$

将式（3.23）和（3.24）代入式（3.41）、式（3.44）和式（3.45）可以得到

$$I_z\ddot{\varphi} - \left(\frac{l_f\overline{C}_{\alpha f} - l_r\overline{C}_{\alpha r}}{v_x}\right)v_y - \left(\frac{l_f^2\overline{C}_{\alpha f} + l_r^2\overline{C}_{\alpha r}}{v_x}\right)\dot{\varphi} = -l_f\overline{C}_{\alpha f}\delta_f \tag{3.46}$$

$$m\dot{v}_y - mh_{CG}\ddot{\phi} + \left(mv_x + \frac{l_f\overline{C}_{\alpha f} - l_r\overline{C}_{\alpha r}}{v_x}\right)\dot{\varphi} - \left(\frac{\overline{C}_{\alpha f} + \overline{C}_{\alpha r}}{v_x}\right)v_y - mg\phi = -\overline{C}_{\alpha f}\delta_f \tag{3.47}$$

$$mh_{CG}\dot{v}_y - (I_x + mh_{CG}^2)\ddot{\phi} - mh_{CG}v_x\dot{\varphi} + D_\phi\dot{\phi} + (K_\phi - mgh_{CG})\phi = K_\phi\phi_t \tag{3.48}$$

选取状态量为 $\boldsymbol{\xi} = [v_y, \dot{\varphi}, \dot{\phi}, \phi, e_d, e_\varphi]^T$，控制量为 $\boldsymbol{u}_1 = \delta_f$，附加控制量为 $\boldsymbol{u}_2 = [\phi_t, \kappa_{ref}]^T$，则式（3.12）和式（3.46）~式（3.48）可以改写为

$$\boldsymbol{M}_{int}\dot{\boldsymbol{\xi}} + \boldsymbol{N}_{int}\boldsymbol{\xi} = \boldsymbol{F}_{1,int}\boldsymbol{u}_1 + \boldsymbol{F}_{2,int}\boldsymbol{u}_2 \tag{3.49}$$

其中，
$$\boldsymbol{M}_{int} = \begin{bmatrix} m & 0 & -mh_{CG} & 0 & 0 & 0 \\ 0 & I_z & 0 & 0 & 0 & 0 \\ -mh_{CG} & 0 & I_x + mh_{CG}^2 & 0 & 0 & 0 \\ 0 & 0 & 0 & 1 & 0 & 0 \\ 0 & 0 & 0 & 0 & 1 & 0 \\ 0 & 0 & 0 & 0 & 0 & 1 \end{bmatrix}, \boldsymbol{F}_{1,int} = \begin{bmatrix} -\overline{C}_{\alpha f} \\ -l_f\overline{C}_{\alpha f} \\ 0 \\ 0 \\ 0 \\ 0 \end{bmatrix}, \boldsymbol{F}_{2,int} =$$

$$\begin{bmatrix} 0 & 0 \\ 0 & 0 \\ K_\phi & 0 \\ 0 & 0 \\ 0 & 0 \\ 0 & -v_x \end{bmatrix}, \boldsymbol{N}_{int} = \begin{bmatrix} -\left(\dfrac{\overline{C}_{\alpha f} + \overline{C}_{\alpha r}}{v_x}\right) & \left(mv_x - \dfrac{l_f\overline{C}_{\alpha f} - l_r\overline{C}_{\alpha r}}{v_x}\right) & 0 & mg & 0 & 0 \\ -\left(\dfrac{l_f\overline{C}_{\alpha f} - l_r\overline{C}_{\alpha r}}{v_x}\right) & -\left(\dfrac{l_f^2\overline{C}_{\alpha f} + l_r^2\overline{C}_{\alpha r}}{v_x}\right) & 0 & 0 & 0 & 0 \\ 0 & -mh_{CG}v_x & D_\phi & K_\phi - mgh_{CG} & 0 & 0 \\ 0 & 0 & -1 & 0 & 0 & 0 \\ 1 & 0 & 0 & 0 & 0 & v_x \\ 0 & 1 & 0 & 0 & 0 & 0 \end{bmatrix}。$$

通过对式（3-49）进行变形，可以得到考虑道路倾角与曲率的综合等效约束车辆动力学模型：

$$\dot{\xi} = A\xi + B_1 u_1 + B_2 u_2 \qquad (3.50)$$

其中，$A = M_{int}^{-1} N_{int}, B_1 = M_{int}^{-1} F_{1,int}, B_2 = M_{int}^{-1} F_{2,int}$。

设 $\Theta_1 = \bar{C}_{\alpha f} + \bar{C}_{\alpha r}, \Theta_2 = l_f \bar{C}_{\alpha f} - l_r \bar{C}_{\alpha r}, \Theta_3 = l_f^2 \bar{C}_{\alpha f} + l_r^2 \bar{C}_{\alpha r}, \Theta_4 = (1/m + h_{CG}^2/I_x), \Theta_5 = -K_\phi h_{CG}/I_x - g$，则可以得到

$$A = \begin{bmatrix} \dfrac{\Theta_1 \Theta_4}{v_x} & \dfrac{\Theta_2 \Theta_4}{v_x} - v_x & \dfrac{-h_{CG} D_\phi}{I_x} & \Theta_5 & 0 & 0 \\ \dfrac{\Theta_2}{I_z v_x} & \dfrac{\Theta_3}{I_z v_x} & 0 & 0 & 0 & 0 \\ \dfrac{h_{CG} \Theta_1}{I_x v_x} & \dfrac{h_{CG} \Theta_2}{I_x v_x} & \dfrac{-D_\phi}{I_x} & \dfrac{-K_\phi}{I_x} & 0 & 0 \\ 0 & 0 & 1 & 0 & 0 & 0 \\ 1 & 0 & 0 & 0 & 0 & v_x \\ 0 & 1 & 0 & 0 & 0 & 0 \end{bmatrix},$$

$$B_1 = \begin{bmatrix} -\bar{C}_{\alpha f} \Theta_4 \\ -\dfrac{l_f \bar{C}_{\alpha f}}{I_z} \\ -\dfrac{h_{CG} \bar{C}_{\alpha f}}{I_x} \\ 0 \\ 0 \\ 0 \end{bmatrix}, B_2 = \begin{bmatrix} \dfrac{h_{CG} K_\phi}{I_x} & 0 \\ 0 & 0 \\ \dfrac{K_\phi}{I_x} & 0 \\ 0 & 0 \\ 0 & 0 \\ 0 & -v_x \end{bmatrix}。$$

鉴于车辆动力学模型的推导涉及复杂的矩阵运算和多个参数变量，为方便读者对不同的车辆动力学模型进行线性化处理，以下提供本书在处理过程中所用的 MATLAB 代码，MATLAB 程序为"chapter_2_3_2.m"。读者根据自定义的车辆动力学模型修改程序中对应的微分方程就可以得到最终结果。

```
% 声明模型推导过程中需要用到的参数变量
syms K_phi D_phi Theta_1 Theta_2 Theta_3
syms M hCG Iz Ix Vel g Calpha_f Calpha_r lf
% 根据实际情况定义车辆动力学微分方程 [式(3.49)]:Mint,Nint,
F1int,F2int
Mint =[M          0      -M* hCG           0;
       0          Iz     0                 0;
       -M* hCG    0      Ix + M* hCG* hCG  0;
```

```
                 0        0        0                1];
     Nint = [ -Theta_1/Vel M* Vel -Theta_2/Vel  0      M* g;
              -Theta_2/Vel  -Theta_3/Vel         0      0;
               0                  -M* hCG* Vel     D_phi K_phi -M*
   g* hCG;
               0                  0                -1     0];
     F1int = [ -Calpha_f; -lf* Calpha_f;  0;  0];
     F2int = [  0       0;  0    0;
               K_phi 0;  0     0];
     % 通过矩阵变换得到在连续状态空间内的车辆动力学方程 [式(3.50)]:
     % dot{kesi} = Ac_11* kesi + B1cn_11* u1 + B2cn_11* u2
     Ac_11          = -Mint \Nint;
     B1cn_11        = Mint \F1int;
     B2cn_11        = Mint \F2int;
```

第四节　联合仿真平台概述与仿真实例

　　为了便于读者学习和测试本书中的无人驾驶车辆模型预测控制算法,本书的工程实例主要基于仿真环境开发完成,搭建了包含控制系统建模、车辆动力学模型和动画演示相统一的 Simulink/CarSim 联合仿真平台。

　　在 MATLAB 中,Simulink 是用来建模、仿真和分析动态多维系统的交互工具。它通过丰富的标准模型库或者自行创建模型库来描述、模拟、评价和精化系统行为,同时,Simulink 和 MATLAB 之间的联系十分便捷,便于应用于广泛的分析和设计工具。最后,除了可以使用 Simulink 进行建模和仿真之外,世界上主流的动力学仿真与分析软件,如CarSim、ADAMS、AMEsim 等,都对 Simulink 提供了仿真接口。本书选择基于 Simulink环境进行控制系统建模,并在汽车动力学仿真软件 CarSim 中建立整车模型和测试工况。

一、CarSim 软件介绍

　　CarSim 是专门针对车辆动力学的仿真软件,能够仿真车辆对驾驶员、路面及空气动力学输入的响应,可以用于预测和仿真汽车整车的操纵稳定性、动力性、制动性、平顺性和燃油经济性等,也可以应用于现代汽车控制系统的开发。CarSim 可以方便灵活地定义实验环境和实验过程，详细地定义整车各系统的特性参数和特性文件。CarSim 软件的主要功能如下：

（1）提供多种车型的建模数据库和友好的图形用户界面，可快速方便实现建模仿真，实现用户自定义变量的仿真结果输出。

（2）适用于轿车、轻型货车、轻型多用途运输车及 SUV 等车型的建模仿真。

（3）包括图形化数据管理界面、车辆模型求解器、绘图工具、三维动画回放工具、功率谱分析模块，可以图形曲线及三维动画形式观察仿真结果。

（4）软件可以实时的速度运行，并可通过 CarSim RT 进行硬件在环（HIL）仿真。

（5）可以通过软件如 MATLAB、Excel 等进行绘图和分析。

（6）先进的事件处理技术，具备多种仿真工况的批运行功能。

CarSim 主要包含三大功能模块：①车辆参数及仿真工况设置；②数学模型求解；③运算结果与后处理。各功能模块在 CarSim 主界面的布局如图 3-14 所示。侧边栏则显示了各个模块之间的链接关系，可以直接双击相应的项目进行修改。

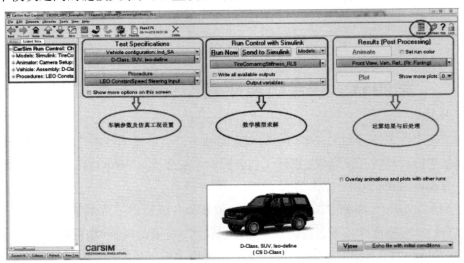

图 3-14　CarSim 主界面与主要功能布局

1. 车辆参数及仿真工况设置

该功能模块主要包括车辆参数设定与仿真工况设置两部分。其中车辆参数设定可以从已有的整车模型数据库中选择合适的车型，并在此基础上对动力传动系统、悬架系统、轮胎模型等进行设置。仿真工况设置主要是对车辆行驶环境及相关因素进行设置，包括路面信息、风阻等外部环境信息。

2. 数学模型求解

该功能模块是整个软件求解运算的内核，可以设置求解器类型、仿真步长和仿真时间等信息，也可以设计仿真测试的初始状态。同时，该模块也是与其他所有外部环境的接口，包括 Simulink、Labview 和 dSPACE 等。

3. 运算结果与后处理

该功能模块包括仿真结果的 3D 动画显示和数据绘图两部分。用户可以通过仿真动画窗口直观地观察汽车动力学响应，还可以在数据绘图部分绘制指定参数的变化曲线进行定量分析。

二、Simulink/CarSim 联合仿真平台

搭建 Simulink/CarSim 联合仿真平台涉及 CarSim 和 Simulink 两方面的工作。其中，CarSim 方面的工作主要包括整车模型搭建、仿真工况设置和外部接口设置三项内容，而 Simulink 方面的工作主要集中在 S 函数的编写。

1. 整车模型搭建

在 CarSim 中建立整车模型是搭建联合仿真平台的第一步。CarSim 采用多体动力学建模方法，对车辆进行了适当的抽象简化。在模型搭建时可以根据目标车型的参数，灵活地配置车辆各子系统参数，如传动系统、制动系统等，如图 3-15 所示。

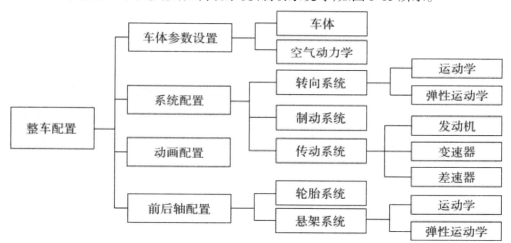

图 3-15 CarSim 整车模型包括的子系统

车辆参数配置界面包括车体设置、动画设置、系统设置和前后轴设置四部分，如图 3-16 所示。其中，车体设置包括车体和空气动力学两项，动画设置包括动画数据和车辆外形等，系统设置包括车辆的传动系统、制动系统和转向系统等，前后轴设置包括轮胎参数及悬架系统等。

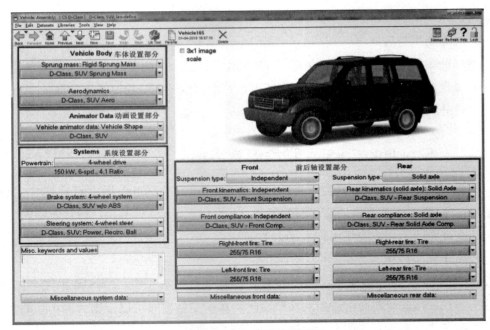

图 3-16 车辆参数配置界面

CarSim 提供了丰富的车型数据库，设置车辆参数时可以充分利用已有的车型数据库资源，在已有的车型上进行修改，提高开发效率。

2. 仿真工况设置

仿真工况设置主要包括行驶速度、制动控制、挡位控制、转向控制、路面参数和仿真过程控制等部分。其中，在路面参数部分可设定道路曲线、宽度、摩擦系数等信息，在仿真过程控制部分可以设置仿真的起始和终止时间，还可以对车辆的姿态和位置进行初始化。

3. 外部接口设置

外部接口设置的主要内容有连接器选择、求解器选择和输入输出接口设置三部分。针对 CarSim/Simulink 联合仿真平台选择基于 Simulink 的连接器，求解器的求解算法通常选择龙格—库塔数值解法，输入输出接口需要根据实际需要进行设置。完成设置后，通过外部接口将车辆模型发送至指定路径下的 Simulink 仿真文件中，CarSim 模块即以 S 函数的形式增加到 Simulink 模型库中。通过调用该 S 函数，并加入控制器模块和外部输入信息，即可完成联合仿真环境的搭建。

本书所提供的仿真实例选用的 CarSim 版本为 8.10，选用的 MATLAB/Simulink 版本为 2013b。需要注意的是，当 MATLAB/Simulink 版本过高时，可能出现 CarSim 模块无法通过外部接口添加到 Simulink 模块库的问题，此时需要手动将 CarSim 的求解器添加到 MATLAB 的路径中。

在 MATLAB 的主界面单击"Set Path"打开路径设置界面,如图 3-17 所示。选择"Add with Subfolders",然后找到 CarSim 求解器所在的文件夹(默认为 C:\Program Files(x86)\CarSim810_Prog\Programs\solvers),将其添加到 MATLAB 的路径中,并保存设置。重启计算机后即可在 MATLAB 的 Simulink Library Browser 中找到 CarSim 模块,如图 3-18 所示。

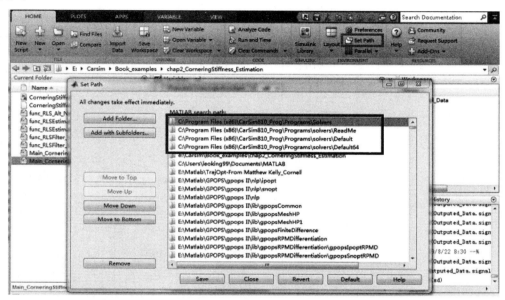

图 3-17 Simulink/CarSim 联合仿真平台路径设置界面

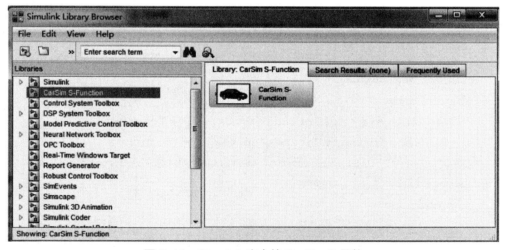

图 3-18 Simulink 库中的 CarSim S 函数

4.S 函数的编写

Simulink 模块的 S 函数是 System Function 的简称,可以用来实现自定义的 Simulink 模块,其优点在于能够利用 MATLAB 的丰富资源,而不是仅局限于 Simulink 提供的模块。另外，S 函数还可以用 C 或 C++ 等语言编写，实现对硬件端口的操作，还可以操作 Windows API、动态链接库等资源。

S 函数的执行包括初始化和运行两个阶段。在初始化阶段进行参数设置，主要参数有系统的输入和输出个数、状态初值、采样时间等；在运行阶段进行计算输出，更新离散状态、计算连续状态等，这个阶段反复运行，直至结束。

MATLAB 提供了 S 函数的模板，这里基于此模板具体分析 S 函数的结构。在 MATLAB 的 workspace 里输入 "edit sfuntmpl" 即可打开 S 函数模板文件。读者可在此模板上进行修改，实现自定义的功能，S 函数模板的主要内容如下：

```
function[sys,x0,str,ts,simStateCompliance] = sfuntmpl(t,x,
u,flag)
    switch flag,
        case 0,
            [sys,x0,str,ts]=mdlInitializeSizes; %Initialization
        case 1,

            sys = mdlDerivatives(t,x,u);
        case 2,
            sys =mdlUpdates(t,x,u); %Update discrete states
        case 3,
            sys = mdlOutputs(t,x,u); % Calculate outputs
        case 4,
            sys = mdlGetTimeOfNextVarHit ( t, x, u );
%GetTimeOfNextVarHit
        case 9,
            sys = mdlTerminate(t,x,u); % Terminate
        otherwise % Unexpected flags %
            DAStudio. error ( 'Simulink:blocks:unhandledFlag',
num2str( flag));
        end
```

此模板的第一行定义了 S 函数的输入与输出变量。其中，t 是采样时间，x 是状态变量，u 是 Simulink 模块的输入，flag 是仿真过程中的状态标志，可以通过此标志来判断当前的运行状态。在 S 函数的输出变量中，str 是保留参数，通常将其置为空。x0 是状态变量的初始值，ts 是一个 1×2 的向量，ts（1）为采样周期，ts（2）为偏移量。sys 输出随状态标志 flag 的不同而变化，flag=1 表示计算连续状态的微分、flag=2 表示计算下一个离散状态、flag=3 表示计算输出、flag=4 表示计算下一次采样的时间,这只在离散采样系统中有用,flag=9 表示系统将结束运行。

三、基于联合仿真平台验证车辆运动学模型

为了验证所建立的车辆运动学模型,在 MATLAB/Simulink 环境中搭建该运动学模型,在相同的输入条件下与在 CarSim 中所建立的整车模型进行对比分析。其中,相同的输入条件是指前轮偏角与车速随时间的变化历程相同,输出均为车辆位置和航向。

车辆基本参数设置为:轴距 l=2.7 m,初始状态 ξ_{kin} =[0, 0, 0]。用于模型验证的输入信号随时间的变化历程如图 3-19 所示,其中图 3-19(a)所示为车速随时间变化历程,图 3-19(b)所示为前轮偏角随时间变化历程。上述所建立的运动学模型和 CarSim 整车模型的输出信号如图 3-20 所示,其中图 3-20(a)所示为两者在给定的输入条件下输出的位置信息对比,图 3-20(b)所示为两者的航向角信息对比。

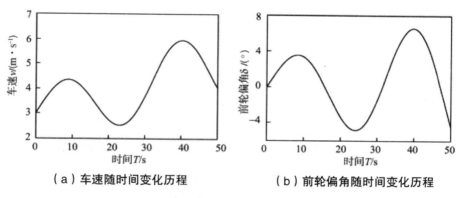

（a）车速随时间变化历程　　　　（b）前轮偏角随时间变化历程

图 3-19　模型验证的输入信号

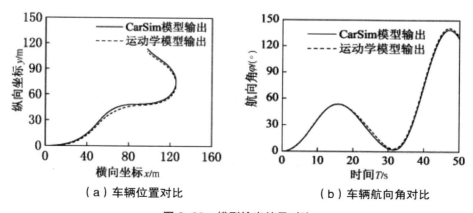

（a）车辆位置对比　　　　（b）车辆航向角对比

图 3-20　模型输出结果对比

从图中对比结果可以看出,在相同的速度和前轮偏角输入下,运动学模型的车辆位

置和航向角与 CarSim 输出的结果非常吻合，也就是说式（3-8）表示的模型能够较好地反映车辆行驶时的运动学特性。因此将在后续规划算法及低速下的轨迹跟踪控制算法的仿真实验中使用该模型。

四、车辆动力学模型的仿真验证

车辆动力学模型是进行车辆操纵稳定性分析、生成稳定性判据的基础，这里首先对本章提出的等效约束的车辆动力学模型的预测精度进行验证。

由于 CarSim 软件所提供的车辆动力学模型具有 27 个自由度，且模型中的轮胎非线性特性是根据实车数据拟合得到的，因此认为 CarSim 输出的车辆状态信息可靠，能反映真实车辆的动力学特性。在相同的车辆参数及控制输入下，通过对比分析 CarSim 输出的车辆信息和等效约束车辆动力学模型所预测的车辆状态信息之间的误差，来验证等效约束车辆动力学模型的预测精度及其有效性。

仿真所用车辆动力学模型为前轮驱动的 D 类 SUV，如图 3-21（a）所示。各项参数的具体数值如表 3-2 所示。Simulink 以 S 函数的形式调用 CarSim 模块，实现控制器模块的输出和车辆动力学信息的输入，如图 3-21（b）所示。

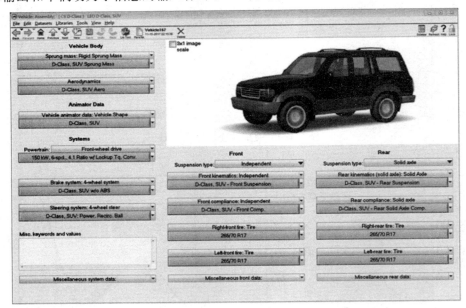

（a）Carsim 车辆参数设置

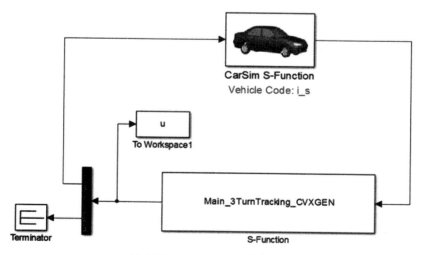

（b）Simulink/Carsim 联合仿真平台

图 3-21　Simulink/Carsim 联合仿真

表 3-2　无人驾驶车辆参数说明

物理量	参数	物理量	参数	物理量	参数
m/kg	1600	lf/m	1.12	$\overline{C}_{af} / (N \cdot rad^{-1})$	−110000
g/（m·s⁻²）	9.81	lt/m	1.48	$\overline{C}_{ar} / (N \cdot rad^{-1})$	−92000
lz/（kg·m²）	2059.2	Tt/m	1.565	$K_{\phi} / (N \cdot m \cdot rad^{-1})$	145330
ls/（kg·m²）	700.7	h/m	0.68	$D_{\phi} / (N \cdot m \cdot s / rad^{-1})$	4500

　　设置仿真环境，路面附着系数为 0.8，转向盘转角输入为正弦曲线，如图 3-22 所示。以 10 km/h 为速度递增区间，使仿真车速在 10~120 km/h 变化，进行多组对比仿真实验，并对侧向速度、横摆角速度、侧倾角和侧倾角速度的预测误差进行分析，结果分别如图 3-23 和图 3-24 所示。

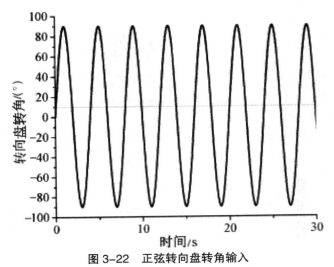

图 3-22　正弦转向盘转角输入

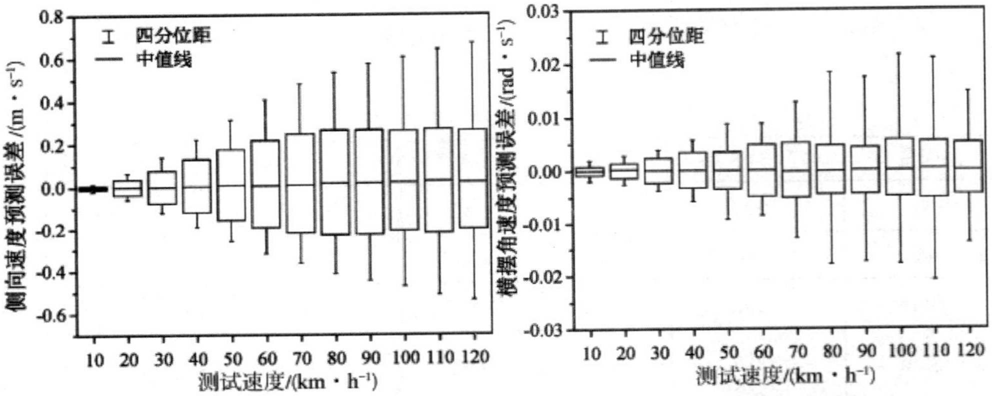

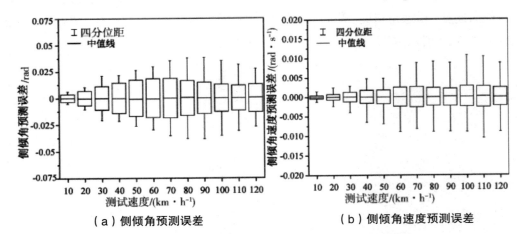

（a）侧向速度预测误差　　　　　　　（b）横摆角速度预测误差

图 3-23　等效约束车辆动力学模型预测精度及有效性仿真结果

（a）侧倾角预测误差　　　　　　　（b）侧倾角速度预测误差

图 3-24　等效约束车辆动力学模型预测精度及有效性仿真结果

　　可以看出，当车辆在稳定行驶时，CarSim 输出的车辆状态信息和等效约束动力学模型的预测值整体偏差不大，从而证明了所建立的等效约束动力学模型的有效性。另外，可以看出，侧向速度和横摆角速度的预测误差明显大于车辆侧倾角与侧倾角速度的预测误差，这是由于车辆侧倾动力学与车辆的悬架系统有关，表示悬架系统性能的侧倾刚度系数和侧倾阻尼系数可以通过数据拟合准确获得。而车辆的侧向速度和横摆角速度与轮胎的线性侧偏刚度有关，若以表 3-2 中所示的固定值进行预测，会导致相对较大的预测误差。这也说明了对轮胎线性侧偏刚度进行实时估计的重要性。

第四章　无人驾驶汽车体系结构和感知

第一节　无人驾驶汽车的体系结构

无人驾驶汽车的体系结构描述了汽车系统诸多部分的关系和组织架构,以及各部分之间的交互关系;定义了汽车软、硬件的组织原则、集成方法及支持程序;确定了系统的各组成模块的输入和输出。按照工作模型进行总体协调指挥,体系结构在无人驾驶汽车系统中的地位十分重要。

1. 分层递阶式体系结构

分层递阶式体系结构由感知、建模、任务规划、运动规划、运动控制和执行器等模块串联起来构成,如图4-1所示。前者的输出结果为后者的输入,又称为感知—模型—规划—行动结构。在这种体系结构下,执行器产生的动作不是传感器直接作用的结果,而是经过了一系列由感知、建模到规划、控制等阶段,具有解决特定任务的能力。

分层递阶式体系结构的构建根据用户对环境中已知对象的了解及相互关系的推测与分析,另一部分根据传感器模型的自主构造。这种体系结构缺乏实时性和灵活性,串联的结构系统导致可靠性不高,一个模块出现故障将导致整个系统瘫痪。这种实时反应功能只有将感知、规划、控制三者紧密集成在一个模块中才能实现。

2. 反应式体系结构

反应式体系结构是针对各种目标设计的基本行为,形成各种不同层次的能力的并联体系结构,如图4-2所示。每个控制层根据传感器的输入进行决策,高层次对低层次施加影响,低层次具备独立的控制系统,因此可以产生快速的响应,实时性强。整个系统可以方便灵活地实现从低层次到高层次的障碍规避,系统的鲁棒性和灵活性得到提高。此外,由于每层负责执行一个行为,且执行方式可以采用并联式,因此当一个层次模块出现故障时,其他层次仍然能够正常工作。

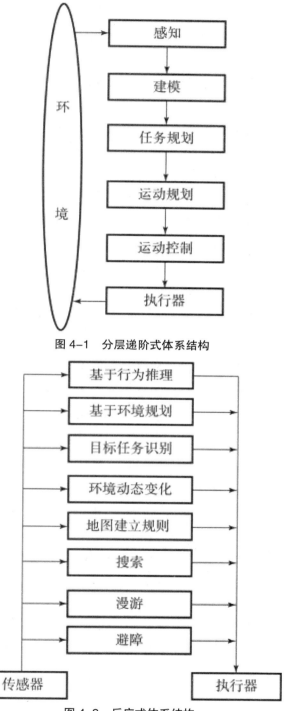

图 4-1　分层递阶式体系结构

图 4-2　反应式体系结构

3. 混合式体系结构

混合式体系结构的规则在于，较低层次采用面向目标搜索的反应式行为，较高层次采用面向目标定义的递阶慎思式行为。混合式体系结构包括传感器、数据处理、数据存储、计算机建模和控制，可以实现一个或多个系统的控制，并且其中的体系可以完全自主，或通过其他方式进行交互。

体系的层次之间以时间/空间进行划分，高层次的时间和空间跨度很大，但分辨率很低；低层次的时间和空间跨度很小，分辨率很高。例如，基元层规划器的地图范围为 5 m，分辨率为 4 cm，车辆能够在狭窄的通道内前进和驻车，对路径进行精确规划；子系统规划器的地图范围为 50 m，分辨率为 40 cm，这个地图被用来规划 5 s 内的路径；车辆规划器的地图范围为 500 m，分辨率为 4 m，用于规划未来 1 min 内的路径，且考虑地形特征；区域规划器的地图范围为 5 km，分辨率为 40 m，用于规划未来 10 min 内的车辆行为。

4.Boss 无人驾驶汽车的体系结构

美国卡内基·梅隆大学研制的 Boss 无人驾驶汽车整合了现成的商业线控系统，实现了加速、制动、转向、变向挡位等自动操作。Boss 无人驾驶汽车的体系结构可以分为感知层、任务规划层、行为执行层和运动规划层等部分，如图 4-3 所示。

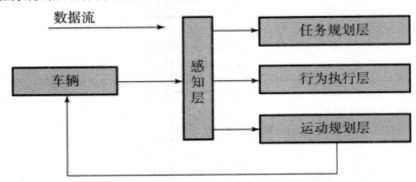

图 4-3　Boss 无人驾驶汽车的体系结构

其采用的传感器有 Applanix POS-LV220/420 GPS/LMU（APLX）、SICK LMS 291-S05/S14 激光雷达、Velodyne HDL 64 位激光雷达、Continental ISF 172 激光雷达、IBEO Alasca XT 激光雷达、Continental ARS 300 雷达、Point Crey 摄像机。

感知层处理来自传感器的外围环境数据，包括车辆状态信息、道路信息、动态障碍物、静态障碍物地图及堵塞道路等信息。

任务规划层根据已有的路网信息计算所有到达下一任务检测点的可行路径，并与根据环境信息计算生成的可行路径进行对比，得到一个最优路径。

行为执行层结合感知层的环境信息和最优路径为运动规划层下达离散运动目标的局部任务，如车距保持、特定速度行驶、特定路线行驶等。

运动规划层包括两个规划器，用于结构化道路上行驶规划和非结构化道路的位置、方位和行驶方向的规划。两个规划器执行来自行为执行层的任务，使车辆达到任务目标，并且在任务过程中能规避任何障碍物。

第二节　无人驾驶汽车的环境感知

无人驾驶汽车的组成按照功能可分为环境感知、决策规划和车辆控制三个部分。其中环境感知是其他部分的基础，是实现辅助驾驶和自主驾驶的前提条件。环境感知技术在无人驾驶技术中起着非常重要的作用，如果没有环境感知功能，无人驾驶汽车就像驾驶员没有视、听觉一样。本节主要介绍无人驾驶汽车的环境感知技术基础，包括激光雷达、毫米波雷达、车载视觉传感器、基于机器人识别的道路识别、对复杂道路进行的图像预处理、行驶过程中的目标检测等。

一、环境感知的常用传感设备

在无人驾驶技术中，传感器负责提供无人驾驶汽车所需的信息，包括感知汽车自身、汽车行驶的周围环境等，为无人驾驶汽车的安全行驶提供及时、准确、可行的决策依据。因此，在无人驾驶技术中，传感器就相当于系统的感受器官，可以快速、精确地获取信息，是实现车辆安全行驶的前提。目前常用的环境感知传感器包括超声波传感器、红外线传感器、激光雷达、毫米波雷达、微波雷达、立体视觉摄像机等。根据各传感器的特点，在不同的环境下应选择不同的传感器。例如，在调整公路环境下，由于车速快，通常选用检测距离较大的微波雷达；在城市环境中，由于环境复杂，通常选用检测角度较大的激光雷达。

（一）相关传感器介绍

1. 超声波传感器

超声波传感器是根据超声波的特性研制而成的传感器。超声波是一种振动频率高于声波的机械波，其频率高、波长短、绕射现象小，特别是方向性好，能够成为射线而定向传播。

超声波传感器的数据处理简单快速、检测距离较短，主要用于近距离障碍物检测。超声波在空气中传播时能量会有较大的衰减，难以得到准确的距离信息，一般不单独用于环境感知，或者仅应用于对感知精度要求不高的场合。

2. 红外线传感器

红外线传感器是指利用红外线的物理性质进行测量的传感器。红外线具有反射、折射、散射、干涉、吸收等性质。红外线传感器与超声波传感器性能相似，只是红外线传感器不受光线、风、沙、雨、雪、雾的影响，因此它的环境适应性好，且功耗低。与超声波传感器相比,其探测视角小,方向性和测量精度有所提高。

目前,利用红外线传感器测距的原理主要有两种:一种是根据具有一定温度的物体会发出红外线的原理,通过检测红外线的强弱来测量距离。当物体温度一定时,物体相隔越远,红外线强度越弱。红外线强度和距离存在一定的对应关系,而通过这个对应关系就可测出物体的距离。另一种与超声波测距相似,通过检测红外线发生器发射出一定频率的红外线,到红外线接收器接收到经前方障碍物反射回来的反射波信号的时间差来求出目标距离。

3. 激光雷达

激光雷达是以发射激光束来探测目标位置的雷达系统。根据扫描机构的不同,激光雷达有二维和三维两种,它们大部分都是靠旋转的反射镜将激光发射出去并通过测量发射光和物体表面反射光之间的时间差来测距的。三维激光雷达的反射镜还附加一定范围内俯仰,以达到面扫描的效果。用激光雷达测量时间差主要有脉冲检测法、相干检测法和相移检测法 3 种不同的方法,其中脉冲检测法是通过测量激光脉冲传播往返时间差来完成的。

二维激光雷达和三维激光雷达在无人驾驶汽车上得到了广泛应用。与三维激光雷达相比,二维激光雷达只在一个平面上扫描,结构简单,测距速度快,系统稳定可靠;但也不可否认,将二维激光雷达用于地形复杂、路面高低不平的环境时,由于其只能在一个平面上进行单线扫描,因此不可避免地会出现数据失真和虚报的现象。同时,由于数据量有限,用单个二维激光雷达也无法完成越野环境下的地形重建工作。

4. 毫米波雷达

毫米波雷达是指工作频率选在 30～300 GHz 频域(波长为 1～10 mm,即毫米波波段)的雷达。毫米波雷达波束窄,角分辨率高,频带宽,隐蔽性好,抗干扰能力强,体积小,质量小,而最大优点是可测距离远。与红外、激光设备相比,毫米波雷达具有对烟、尘、雨、雾良好的穿透传播特性,不受雨、雪等恶劣天气的影响,抗环境变化能力强。

车载毫米波雷达根据测量原理的不同,一般分为脉冲方式和调频连续波方式两种。采用脉冲方式的毫米波雷达需要在短时间内发射大功率脉冲信号,通过脉冲信号控制雷达的压控振荡器从低频瞬时跳到高频;同时,在对回波信号进行放大处理之前,需将其与发射信号进行严格的隔离。这种雷达在硬件结构上比较复杂、成本高。目前大多数车载毫米波雷达都采用调频连续波方式。毫米波雷达因其硬件体积小且不受恶劣天气影响等优点,被广泛应用于汽车的自适应巡航系统、汽车防撞系统等商用汽车产品中。调频连续波雷达的测量原理如图 4-4 所示。

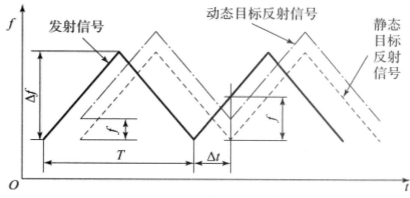

图 4-4　调频连续波雷达的测量原理

　　调频连续波雷达结构简单、体积小，最大的优势是可以同时得到目标的相对距离和相对速度。它的基本原理是当发射的连续调频信号遇到前方目标时，会产生与发射信号有一定延时的回波，再通过雷达的混频器进行混频处理，而混频后的结果与目标的相对距离和相对速度有关。

　　5. 立体视觉

　　人的立体感是这样建立的：双眼同时注视某物体，双眼视线交汇于一点，即注视点。从注视点反射回双眼视网膜上的光点是对应的，且这两点将信号传入大脑视频中枢合成一个物体完整的像。立体视觉不但使人看清了物体，而且使人能够辨别这一物体与周围物体间的距离、深度、凸凹等。

　　双目立体视觉理论建立在对人类视觉系统研究的基础上，通过双目立体图像处理，获取场景的三维信息。其结果表现为深度图，再经过进一步处理就可得到三维空间的景物，实现二维图像到三维图像的重构。采用立体视觉进行环境距离感知和障碍检测是一种很有前景的方法，但目前还有很多问题需要解决，如研究视觉像素点匹配的新方法，使其既有较好的鲁棒性，又没有太大的计算量。

　　6. 激光雷达测距传感器

　　利用激光雷达测距技术可以得到车辆周围的深度信息，从而可以准确地发现车辆周围存在的障碍。

　　7. 车载视觉传感器

　　车载视觉起源于生理视觉，是基于机器视觉的理论知识，并结合光学、微电子技术、计算机技术等知识及车辆运动的特点而形成的。车载视觉是无人驾驶技术的重要组成部分，相当于驾驶员的眼睛，是未来无人驾驶技术发展的重点。

　　（1）机器视觉的特点。机器视觉用机器代替人眼来进行测量和判断，即通过图像获取装置（如 CMOS 和 CDD）将目标的光线信号转化为图像模拟电信号，传送给专用的图像处理系统，再根据像素分布、亮度和颜色等信息，转变为数字化信号。最后，计算机对这些数字信号进行各种运算,以抽取目标的特征,进而获得相应的识别信息。一般会将机器视觉与计算机处理技术相结合,故机器视觉又称计算机视觉,它是一种利用摄像机获取图像信息,再利用计算机处理图像信息,获取识别信息的系统。

(2)车载视觉的特点。车载视觉是机器视觉在车辆上的应用,需要满足车辆行驶环境及车辆自身行驶的特点。影响车载视觉的因素主要有以下几方面:

①天气变化。天气变化主要影响场景的光线强度变化状况。光源角度直射及物体的反光会引起摄像机过度曝光,而光线过暗又会产生摄像机曝光不足。这些都会在摄像机图像中产生无纹理的高光或低光区域。

②车辆运动速度。车辆运动速度与车载视觉图像质量成反比。当车辆速度较小时,图像质量接近摄像机静止时拍摄的图像质量,质量较好;车辆速度较大时,受摄像机拍摄帧频的限制,会在所拍摄图像上产生运动模糊,失去纹理特征或产生错误纹理,而且车辆速度越大,所拍摄的图像质量就越差,对视觉算法的实时性要求也越高。

③车辆运动轨迹。车辆运动轨迹主要分为直线与曲线。当车辆运动轨迹为直线时,摄像机前、后帧图像中特征匹配重叠率较高,摄像机水平面基本与地面平行;当车辆运动轨迹为曲线时,由于车辆转弯时的惯性作用,车辆将会出现侧倾现象,使摄像机水平面倾斜于水平地面,从而降低匹配重叠率,同时对特征形状造成影响。

④随机扰动。它包括车辆轮胎的滑移及地面颠簸抖动,将使视觉图像产生运动模糊。

⑤摄像机安装位置。摄像机安装位置为分车内和车外、仰角与俯角。由于车辆一般行驶在室外阳光下,安装在车外的摄像机曝光只需要对照度进行调节即可;而安装在车内的摄像头可能受到车内阴影的干扰,使拍摄外部环境图像时产生过曝光或曝光不足的现象。同时,由于环境中光照强度不均匀,地面上会出现高、低光区域,如光斑等。摄像机视角越朝下,对照度越敏感,越容易出现过曝光或曝光不足;摄像机视角越平行于路面,由于视觉图像中像素精度与距离成反比,因此图像算法的精度就越低。

车载视觉对视觉系统获取图像的质量要求更高。首先,摄像机输出给计算机图像的速度一定要快,这样才会给行驶中的无人驾驶汽车提供相关图像导航信息;其次,摄像机输出给计算机的图像应包含尽可能多的灰度纹理信息,尽量避免出现纯黑或纯白色区域的图像,以保证图像识别算法的顺利运行。

视频图像采集工作流程如图 4-5 所示。

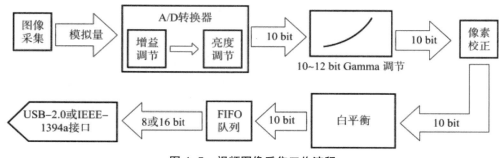

图 4-5　视频图像采集工作流程

（二）传感器标定

通过传感器标定可以确定传感器输入与输出之间的关系。无人驾驶汽车在道路上行驶时,需要通过实时识别周围环境来规划出一条安全、快速的可行驶路径,因此传感器标定是环境识别的基础。例如,激光雷达和摄像机的标定、摄像机和激光雷达的联合标定对环境的识别是很重要的。

（三）时间上的数据融合

由于激光雷达、摄像机等传感器的数据采集通道不尽相同,其采样频率也各有差异,因此导致了传感器的信息采集在时间上存在差异,继而引出了需要对各传感器数据在时间上进行同步的问题。实际中,常采用 GPS 授时的方法实现传感器间的时间同步,通过给不同的传感器授予不同的 GPS 时间,将时间变量作为一个同步参数处理。该方法可以获得高精度的融合结果,但实时性受到一定的限制。当然也可以使用多线程技术和数据双缓存技术对激光雷达数据、摄像机数据等进行时间上的同步。创建激光雷达数据采集线程和摄像机数据采集线程,并利用双缓存当前数据的方法可以解决传感器自身接收机制引起的数据滞后问题,保证程序中待处理的数据是当前时刻的最新数据。

二、基于机器视觉的道路识别

（一）无人驾驶汽车环境感知

无人驾驶汽车环境感知通常需要提取路面信息,检测障碍物,并计算障碍物相对于车辆的位置。主动传感系统,如激光雷达或毫米波雷达在驾驶环境障碍物检测中显示了一些良好的性能:激光雷达通过发射和接收激光束并计算发射和接收的时间差来测距,提供了高精度的测量结果,但对恶劣天气,如雨、雾、雪等天气敏感。另外,激光雷达也有一些固有的限制,如对很小的障碍物,如 50 m 外的电线杆,由于它们占有的扫描角小于激光雷达的分辨率,因此激光雷达无法检测到它们。毫米波雷达通过检测反射波来测距,即使在恶劣的天气下也能够提供足够的精度，近年来得到了广泛应用；但它也有缺点，通常来说毫米波雷达视场较小、测向精度较低。

驾驶员在驾驶车辆时，80%的环境信息来自人的视觉感知。与雷达相比，视觉系统视场宽，侧向精度高，成本低，而且它是被动传感器，相对来说不受其他传感器影响，可以提供亮度和深度信息。因此，基于视觉的高效、低成本的环境感知将成为无人驾驶汽车未来产业化的主要方向。

（二）结构化道路检测

道路检测是无人驾驶汽车视觉导航研究的重要问题之一。只有精确了解车辆道路信息，才可以准确获得相对于车道的位置和方向。在真实城市交通环境中最常见的是结构化道路，结构化道路是指具有清晰车道标志和道路边界等的标准化道路。

（三）复杂环境下车道检测图像预处理

在实际道路行驶状况中，环境物体的相互遮挡、光源位置透射角度的变化，会造成摄像机外部环境的光照突然变化或光照程度不均匀，使摄像机提取的图像中出现多块纯白色或纯黑色区域，即高、低光区域。这些高光或低光区域易导致图像识别算法失去目标。图像预处理是解决这些问题的一种重要途径，目前存在多种图像调节方法。

（四）非结构化道路检测

有些道路，如乡村公路、土路等，在结构上符合道路的特征，但由于缺少车道线等道路标志，因此无法采用检测车道线的方法进行识别。这类道路统称为非结构化道路。对于这类道路，一般采用基于机器学习的道路检测算法。其算法框架如图4-6所示。

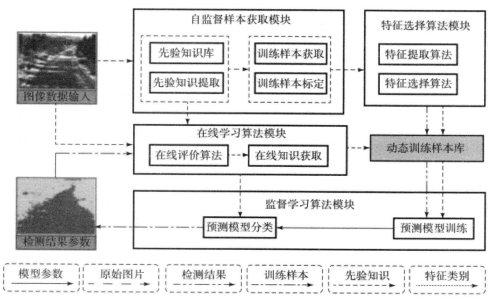

图 4-6 基于机器学习的道路检测算法框架

三、行驶环境中的目标检测

可以使用单目摄像机、立体视觉、单线激光扫描、多线激光扫描、毫米波雷达、摄像机与激光扫描机的融合、摄像机与毫米波雷达的融合等实现行驶环境中的目标检测。不同类型的传感器,以及不同的型号和配置方式会带来观测空间、被感知对象的不同,并从根本上影响数据处理算法、环境感知性能及结果。在面向无人驾驶汽车环境感知总体任务实现的集成系统中,如何优化传感器系统及多模态数据融合处理框架,并在保证总体任务实现的同时,提高传感器系统及数据融合效率等问题,仍需要深入研究。

1. 行人检测

基于视觉的行人检测方法主要有基于背景建模的方法和基于统计学习的方法等。基于背景建模的方法是首先分割出前景,提取其中的运动目标,然后进一步提取特征,分类判别。该方法的鲁棒性不高,抗干扰能力较差,而且模型过于复杂,对参数也较为敏感。基于统计学习的方法根据大量训练样本构建行人检测分类器,其所提取的特征一般有目标的灰度、边缘、纹理、形状、梯度直方图等信息。运动是行人检测中的另一个重要线索,然而在摄像机运动的情况下,有效地利用运动特征是具有挑战性的。

2. 车辆检测

基于单目视觉的车辆检测方法可分为基于外观(appearance)的方法和基于运动(motion)的方法。前者直接从单帧图像中检测车辆,而后者则使用连续帧图像进行检测。单目图像缺乏直接的深度测量,大多使用基于外观的方法。早期的单目视觉车辆检测使用图像中的对称性和边缘特征来进行检测。近年来研究人员采用更通用并具有鲁棒性的特征,如 HOG 特征、Haar-like 特征来对车辆进行检测,这些特征可被用来直接对图像中的目标进行分类和检测。

3. 交通信号灯和交通标志检测

目前,不同的国家和地区所采用的交通信号灯的样式不尽相同。我国现行的交通信号灯遵循的是国家标准《道路交通信号灯》(GB 14887—2011)和《道路交通信号灯设置与安装规范》(GB 14886—2016)。虽然交通信号灯的样式各不相同,但其灯的颜色都是由红、黄和绿或者红和绿组成。在城市环境下,车辆行驶主要遵守机动车信号灯和方向信号灯的指示。

基于色彩的交通信号灯识别方法在背景环境相对简单的情况下,如背景为天空,能够有效地检测和识别出交通信号灯;但对于背景环境相对复杂的情况,如存在车辆、行人或广告牌等影响的城市道路环境,基于色彩的交通信号灯识别方法很容易出现虚警现象。基于形状特征的识别方法可有效地减少基于色彩特征识别出的虚警,但需要建立形状特征规则。对不同样式的交通信号灯来说,需要建立不同的形状特征规则。交通信号灯识别所采用的系统结构可分为图像采集模块、图像预处理模块、识别模块和跟踪模块。其系统结构如图 4-7 所示。

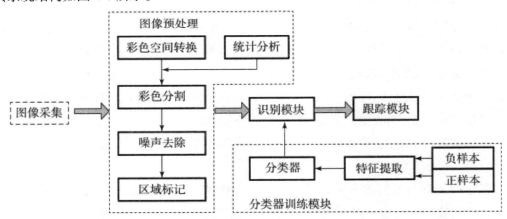

图 4-7　交通信号灯识别系统结构

第五章　无人驾驶车辆定位导航与控制

第一节　无人驾驶汽车的定位与导航

一、GPS 与定位数据融合技术

定位技术用于提供车辆的位置、姿态等信息，是无人驾驶汽车行驶的基础。常用的定位技术有航迹推算技术、惯性导航技术、卫星导航定位技术、路标定位技术、地图匹配定位技术和视觉定位技术等。除此之外，无人驾驶汽车在未知环境中从一个未知位置开始移动，在移动过程中根据位置估计和地图进行自身定位，同时在自身定位的基础上建造增量式地图，实现自主定位和导航的技术称为同时定位和地图创建。由于任何一种单独定位技术都有无法克服的弱点，因此组合导航系统成为研究的热点。组合导航系统综合了两种或两种以上不同类型的导航传感器信息，使它们优势互补，以获得更高的导航性能。组合导航系统以其低成本、高性能的突出优点得到广泛应用。无人驾驶汽车的定位需要获得汽车的航向数据和位置数据。

1. 电子罗盘与速率陀螺的航向数据融合

在无人驾驶汽车定位系统中，航向与位置信息是通过安装在无人驾驶汽车上相应的传感器得到的。从单个传感器得到的信息存在各种干扰和误差，而使用多个传感器信息从冗余的信息中选择数据并对其进行融合，可以得到较为精确的定位和定向信息，从而实现较高精度的航向估计和位置估计。具体方法是在分析现有传感器的特点后建立融合模型，采用滤波算法进行融合估计。本节以电子罗盘和速率陀螺的航向数据融合模型为例进行介绍。

速率陀螺能感受载体的转向运动，不受外界环境的干扰，但存在漂移，且漂移速率不恒定；电子罗盘感受地磁场的变化，易受外界环境的干扰。这两种传感器具有很好的互补性，而且因信息源不同，测量噪声相对独立，有利于数据的融合处理。电子罗盘和低成本固态速率陀螺融合估计航向的方案，能实现低成本、较高精度、较好鲁棒性的航向估计。

2. 全球导航定位系统

卫星导航定位技术中应用最广泛的是全球导航定位系统（Global Positioning System，GPS）。GPS 可以向全球用户提供连续、实时、高精度的三维位置及三维速度和时间信息；能够进行全球、全天候和实时的导航，且定位误差与时间无关，具有较高的定位和测速精度。

GPS 由空间卫星系统、地面监控网和用户接收系统组成。GPS 定位系统各组成部分的相应功能如下：

1）空间卫星系统

空间卫星系统指 GPS 卫星星座，由 21 颗工作卫星和 3 颗在轨备用卫星组成，分布在 6 个轨道平面中，相邻轨道之间的卫星彼此成 30°角，每个轨道面上都有 4 颗卫星。如果定位做差分，则基准站和移动站要同步观测至少 5 颗卫星。

2）地面监控网

地面监控网包括 1 个主控站、3 个注入站和 5 个监测站。它们的作用是实现对空间卫星的控制。主控站拥有许多以计算机为主体的设备，用于数据的收集、计算、传输和诊断等；注入站可根据各监控站提供的 GPS 卫星观测数据，计算星历和卫星钟的改正参数；监测站配有 GPS 接收机、环境数据监测仪、原子频标和处理机等，均为无人值守的数据采集中心。

3）用户接收系统

用户接收系统主要由无线电传输和计算机技术支撑的 GPS 接收机和 GPS 数据处理软件组成。GPS 接收机的主要功能是接收、追踪、放大卫星发射的信号，获取定位的观测值，提取导航电文中的广播星历及卫星时钟改正参数等。GPS 数据处理软件的主要功能是对 GPS 接收机获取的卫星测量记录数据进行预处理，并对处理的结果进行平差计算、坐标转换和分析综合处理，计算出用户所在位置的三维坐标、速度、方向和精确时刻等。

GPS 定位是利用到达时间测距的原理来确定用户的位置。首先测量信号从卫星发现至到达用户所经历的时间段，时间段乘以信号的速度便得到了从卫星到接收机的距离，而卫星的位置是已知的，于是通过测量与 3 个以上的卫星的距离便可以计算得到接收机的三维位置。

3. 航迹推算

航迹推算（Dead Reckoning，DR），利用载体上一时刻的位置，根据航向和速度信息，推算得到当前时刻的位置，即根据实测的无人驾驶汽车行驶距离和航向计算其位置和行驶轨迹。它一般不受外界环境的影响，但由于其本身误差是随时间累积的，故单独工作时不能长时间保持高精度。假设无人驾驶汽车为一个质点，在一个平面上做二维运动，在二维直角平面坐标系中进行运动分析。航迹推算定位方法采用绝对坐标系,坐标纵轴通常指向北方,而横轴指向东方,如图 5-1 所示。

4.GPS/ 罗盘 / 里程计融合导航定位系统

GPS/ 罗盘 / 里程计融合导航定位系统由 GPS 及罗盘、里程计和导航计算机组成。定位系统组成框架如图 5-2 所示。GPS 独立给出无人驾驶汽车所在位置的绝对经度、纬度和海拔高度,罗盘作为航向传感器测定无人驾驶汽车的航向,而里程计作为速度传感器测定汽车在单位时间内行驶的路程。导航计算机采集各传感器数据并做航迹推算、GPS 坐标变换及相关数据预处理,由融合算法估计出无人驾驶汽车的动态位置。这与在极坐标系中通过极点、极角、距离就可以确定点的位置是相同的道理。GPS 获取汽车的绝对经度、纬度和海拔位于极点的位置;罗盘获取汽车的航向相当于极角;里程计获取单位时间内汽车行驶里程作为距离;三个要素获取之后可以估算出动态目标的位置。GPS/ 罗盘 / 里程计融合导航定位系统是一种相对低成本的导航系统,在这个系统上进行 GPS/DR 数据融合,可以实现较高精度的导航定位。

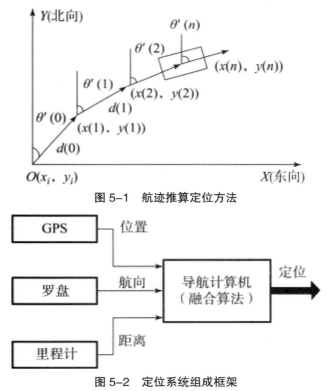

图 5-1　航迹推算定位方法

图 5-2　定位系统组成框架

二、地图创建技术与 SLAM

1. 即时定位与地图创建

在先验地图已知的情况下,无人驾驶汽车可以根据已知地图不断进行自身位置的校正,实现精确定位;但在未知环境中,无人驾驶汽车完全没有或只有很少、很不完善的环境知识,其只能通过自身所带的传感器来获取环境信息,并经过信号处理抽取有效信息以构建环境地图。创建环境地图还必须知道无人驾驶汽车在各个观测点的位置,所以当无人驾驶汽车在一个未知的环境中导航时,就面临一个两难的问题,即为了创建环境地图模型,就需要知道各个时刻的位置;而为了定位,就需要知道环境的地图模型。两者相互影响,且其各自的性能都会对对方的表现产生作用。因此,需要对两个模型同时进行维护,进行同步的定位与地图创建。

即时定位与地图构建(Simultaneous Localization and Mapping,SLAM)也称并行建图与定位(Concurrent Map and Localization,CML),指的是无人驾驶汽车在未知环境中,从未知位置出发,在运动过程中通过环境信息进行车体位置与航向的确定,同时创建环境地图并对地图进行实时更新,或在已知环境中通过环境信息对车体位置和航向进行确定。SLAM 为车辆的位姿估计提供了新思路,在保证定位精度的同时,提高了定位信息的输出频率,最高能与环境传感器的信息采集频率相当。

2. 视觉里程计

随着计算机视觉技术的发展,视觉传感器越来越多地被用来进行车辆定位和运动估计。首先,视觉传感器所提供的丰富的感知信息,既可以满足车辆自定位要求,也能够为其他重要的任务提供信息,如目标检测、避障等;其次,视觉传感器相对其他传感器来说成本较低,且体积小,在布置上更为灵活。另外,基于视觉的定位和运动估计还可以独立于地形及地形—轮胎接触特性,如不受轮胎打滑的影响等。因此,近年来大量研究者对车载视觉里程计技术进行了研究,也获得了许多成果。视觉定位技术主要是根据车载摄像机实时拍摄的视频信息来计算运动物体的运动参数,以实现无人驾驶汽车的自主定位。其中,最为常见的是车载视觉里程计,它能够综合完成目标检测、避障等任务,而且成本低廉。

视觉里程计利用车载摄像机采集到的图像信息恢复车体本身的六自由度运动,包括三自由度的旋转和三自由度的平移。由于类似于里程计的航迹推算,这种基于图像信息的自运动估计方法被称为视觉里程计技术。视觉里程计的基本步骤包括特征提取、特征匹配、坐标变换和运动估计。当前大多数视觉里程计系统均基于此框架。

三、无人驾驶汽车路径规划

无人驾驶汽车路径规划是指在一定环境模型的基础上,给定无人驾驶汽车起始点和目标点后,按照性能指标规划出一条无碰撞、能安全到达目标点的有效路径。经过几十年的发展,路径规划技术已取得非常瞩目的成就。

路径规划主要包含两个步骤:建立包括障碍区域与自由区域的环境地图,以及在环境地图中选择合适的路径搜索算法,快速实时地搜索可行路径。路径规划结果对车辆行驶起着导航作用,它引导车辆从当前位置行驶到达目标位置(如图5-3所示,黑色曲线表示从车辆起始位置到目标位置的一条有效途径)。

图5-3 路径规划图

第二节 无人驾驶汽车的控制技术

一、无人驾驶汽车运动控制

无人驾驶汽车运动控制分为纵向控制和横向控制。纵向控制是指通过对节气门和制动的协调,实现对期望车速的精确跟随;横向控制实现无人驾驶汽车的路径跟踪,其目的是在保证车辆操纵稳定性的前提下,不仅使车辆精确跟踪期望道路,同时使车辆具有良好的动力性和乘坐舒适性。在无人驾驶汽车的行驶过程中,车辆的横向运动和纵向运动存在耦合关系,通常将纵向运动和横向运动进行解耦,设计两个独立互补的控制器,对其分别进行控制。

1.无人驾驶汽车的纵向控制

无人驾驶汽车采用节气门和制动综合控制方法实现对预定速度的跟踪,纵向控制系统如图 5-4 所示。根据预定速度和无人驾驶汽车实测速度的偏差,节气门控制器和制动控制器根据各自的算法分别得到节气门控制量和制动控制量。切换规则根据节气门控制量、制动控制量和速度偏差确定是选择节气门控制还是制动控制。未选择的控制系统回到初始位置,如按切换规则选择了节气门控制,则制动控制执行机构将回到零初始位置。

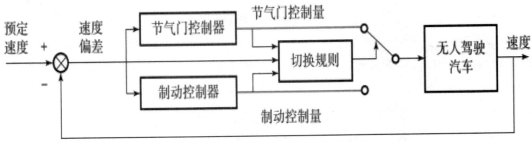

图 5-4　纵向控制系统

2. 基于滑模变结构理论的无人驾驶汽车横向控制

在道路上行驶的无人驾驶汽车由于受到许多已知或未知干扰的作用,对其横向运动的精确控制十分困难。

1)自动转向控制系统的结构

自动转向控制系统作为无人驾驶汽车车体控制系统中的重要组成部分,主要通过控制车辆的横向运动,使车辆精确跟踪期望道路,因此其控制性能和品质直接影响无人驾驶汽车的智能行为表现。同时,由于无人驾驶汽车行驶工况的复杂性,自动转向控制系统不仅受到已知或未知的干扰作用,而且无人驾驶汽车的车速变化范围较大,因此如何设计对干扰鲁棒且适应变化车速的自动转向控制系统是无人驾驶汽车技术中的关键问题之一。

纵观国内外无人驾驶汽车的发展历史和现状,自动转向控制算法的设计涉及经典控制理论、现代控制理论及智能控制理论。学者们将各种理论应用于无人驾驶汽车转向控制系统中,以求良好的控制性能。由于无人驾驶汽车在行驶过程中受到干扰和不确定性的作用,因此所设计的自动转向控制算法必须对这些干扰具有鲁棒性和适应性。滑模变结构控制作为一种鲁棒控制策略,对干扰和不确定性具有较强的鲁棒性和抗干扰性。

2)自动转向控制系统的模型

自动转向控制是通过控制前轮偏角实现对无人驾驶汽车横向运动的精确控制,以保证车辆沿期望道路行驶。因此,自动转向控制系统的输入为期望前轮偏角,而输出则为车辆与道路之间的偏差信号或车辆行驶状态。车辆与道路之间的偏差信号包括横向位置偏差、方向偏差及它们的变化率等,而车辆行驶状态是指横摆角速度、质心侧偏角(或横向速度）等。具体以哪些物理量作为输出量，取决于自动转向反馈控制系统的结构。自动转向控制系统如图 5-5 所示。

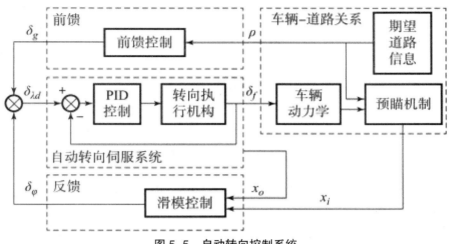

图 5-5　自动转向控制系统

3. 基于车辆动力学约束的速度规划

在车辆行驶过程中合理的纵向规划除了保证车辆的平顺行驶外，还直接影响行驶中的横向稳定性和纵向稳定性。横向稳定性指车辆的最大横向加速度不超过预设阈值，而纵向稳定性是指不会因制动距离不足导致与前方障碍物碰撞。基于环境信息的自主局部路径规划与跟踪功能模块确定了车辆当前待执行的路径。

车辆要求在保证足够制动距离的前提下尽可能地高速行驶。一方面考虑到运动规划是局部的，假设每个规划周期规划范围外的环境都是危险的，只有使待执行路径末端车速为零才能保证不会因为制动距离不足而发生正面碰撞；另一方面，在待执行路径的其他部分尽可能保持最高速度行驶。基本速度规划程序以给定路径的长度、车辆的初始速度、最大速度、期望加速度和期望减速度作为输入，确定实际的速度—路径长度关系并计算输出给定路径上任意位置的基本速度规划值。用于速度规划的指定路径如图 5-6 所示。

车辆执行给定路径的速度规划，其基本过程由加速、匀速、减速三部分组成。值得注意的是，在车辆运行过程中不断执行速度规划，但是每个控制周期只能执行速度规划最初阶段的结果，导致速度规划的终止状态为零，这并不意味着车辆实际移动到该状态时速度降为零，而是由于车辆移动，终止状态也随之发生变化。因此车辆在规划路径上的实际速度由实时速度规划结果决定，基本速度规划结果如图 5-7 所示。

将给出路径的终止状态设置为零的好处在于，上层规划根据实际情况实时调整终止状态，能够方便地实现连续行驶、避障停车和到全局终点位置停车。当车辆连续行驶时，终点状态随车辆运动不断前移，车辆将一直不会进入减速阶段。而当遇到障碍物或到达任务终点时,上层规划将给出的路径终点固定在障碍物前方或任务终点处,车辆便能够按照速度规划结果,安全顺利地完成制动。

图 5-6　用于速度规划的指定路径

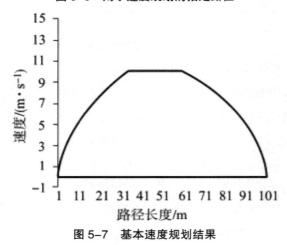

图 5-7　基本速度规划结果

二、无人驾驶汽车稳定性控制

1. 汽车稳定性控制系统概述

在 ABS 和 TCS 的基础上,为了防止汽车高速行驶时失控状态的出现或加剧,近年来又出现了汽车稳定性控制(Vehicle Stability Control, VSC)系统。VSC 系统主要用来控制汽车的横摆力矩,将车轮侧偏角限制在一定范围内,并在紧急情况下对汽车的行驶状态进行主动干预,防止汽车在高速行驶转弯或制动过程中失控。

VSC 系统主要在大侧向加速度、大侧偏角的极限工况下工作,它是利用控制左、右两侧车轮制动力或制动力矩之差产生的横摆力矩来防止出现难以控制的侧滑现象,保证汽车的路径跟踪能力和控制效果。

由于在实际行驶过程中,汽车纵向力学和侧向力学的响应同时存在,因此,在研究内容上无法将其明确地区分开,尤其对与汽车高速转弯特性相关的 VSC 系统,它同时涉及纵向和侧向动力学两方面内容。尽管 VSC 系统是以体现汽车操纵稳定性的横摆角速度和汽车侧偏角等作为控制指标，但其控制效果却主要由车轮的纵向力提供，以其产生的相应横摆力矩来实现。

2. 汽车稳定性控制系统的组成和工作原理

1）汽车稳定性控制系统的组成

汽车稳定性控制系统主要由 ABS、TCS、YSC 3 个子系统组成，其中，ABS 和 TSC 只在制动和加速时工作，直接控制车轮的纵向滑动率，提高汽车的制动或驱动性能，同时间接控制汽车的侧向稳定性；YSC 在汽车行驶的任何时刻都起作用，它直接控制汽车的侧向稳定性（由车轮侧偏角和汽车横摆角速度表征）。

最初的 VSC 系统以 ABS 和 TCS 为主，主要依赖轮速传感器提供汽车的状态信号，仅能控制各车轮的纵向滑动率，间接实现对汽车的横摆控制。近年来 VSC 系统又增加了转向盘转角传感器，可以确定驾驶者期望的行车路线，ECU 将其与汽车实际位置状态比较后，发出指令调节各轮的驱动力或制动压力，以提高汽车在转向过程中的操纵稳定性。

2）汽车稳定性控制系统的工作原理

由于制动或转向等因素，会出现汽车驶出行驶轨道或发生激转等危险工况。采用 VSC 系统的主要控制目标就是通过施加一个横摆力矩 Mz 来减少或消除汽车行驶方向的偏差，在保证驾驶员希望的行驶轨迹的同时，也保证了汽车的行驶稳定性。

VSC 系统的工作原理说明：由于汽车的行驶状态主要由行驶速度、侧向速度和横摆角速度来决定，因此，VSC 系统的 ECU 能根据转向盘转角和制动主缸压力等信号判断驾驶员的驾驶意图，计算出理想的汽车运行状态参数值，通过与传感器测得的汽车实际状态信号值的比较，根据控制逻辑算法计算出横摆力矩，然后通过控制液压调节制动系统，对汽车施加制动力，以实现所需要的汽车横摆力矩。同时，还可根据需要与发动机管理系统进行通信，改变驱动轮的驱动力，以实现对汽车运行状态的调节。

3. 控制方式

实际采用的汽车稳定性控制方法很多，其中调节车轮的制动力或驱动力的方法最为有效。其控制目标可以是汽车横摆角速度或者汽车侧偏角，也可以是汽车侧偏角或滑移率。

1）控制制动系统压力

根据汽车轮距、轴距、制动器和轮胎特性等参数，由所需的横摆力矩可估算出各制动轮缸的液压参数。具体执行方式主要有以下两种：

①仅控制单个车轮的制动压力。

过度转向控制是通过对外侧前轮施加制动力来实现的。不足转向控制分两种情况：

对前、后轮都可用于 YSC 控制的 VSC 系统,通过对内后轮施加制动力实现不足转向控制;对只有前轮进行 YSC 控制的 VSC 系统,则是通过对内前轮施加制动力进行的。

更合理的控制方法是根据各车轮制动时的横摆力矩的变化特性,对 4 个车轮的制动力进行优化分配,从而达到控制汽车行驶轨迹、保证汽车行驶稳定性的要求。

②控制两个对角车轮的制动压力。

实现过度转向控制时,在对外前轮增加一定制动力变化量的同时,对内后轮减少相应的制动力变化量。在不足转向时,则对内后轮增加所需的制动力变化量,同时对外前轮减少相应的制动力变化量。由于施加的制动力矩并不改变整车制动力,因此汽车的加(或减)速度并不改变。该方法的局限性是需要减压的车轮必须具备足够的初始制动力。

2)发动机控制

发动机控制就是根据与汽车稳定性要求相应的车轮驱动力,计算出所需的发动机输出转矩,将此指令送给发动机 ECU,使发动机输出转矩调整至所需值。

在驱动工况下,为了产生所需的横摆力矩变化量,必须控制驱动轮的平均驱动力矩和所需的驱动轮之间的驱动力矩差,即车轮上所需的锁止力矩与制动力矩之差。

汽车在严重不足转向工况下高速行驶时,仅用制动力控制已超出其极限,此时必须通过降低发动机的输出力矩来使车辆减速。该方法对前轮驱动的汽车效果更好。

汽车在严重过度转向的工况下高速行驶时,也因车速过快,仅用制动力不足以控制,因此必须通过降低发动机的输出力矩来使汽车减速。该方式较适合后轮驱动汽车。

三、车联网与车路协同

1. 无人驾驶汽车的机遇与挑战

无人驾驶汽车面临着前所未有的挑战。车联网使无人驾驶汽车不再是单独的移动车辆个体,通过车辆与车辆(Vehicle to Vehicle, V2V)及车辆与基础设施之间(Vehicle to Infrastructure, V2I)的通信,可以实现无人驾驶汽车与其他车辆、基础设施及人类之间的交互,形成一个庞大的信息网络。凭借这种优势,多个无人驾驶汽车之间可以完成编队,通过交叉口、多任务分配等多种优势,形成一种全新的智能交通方式,为现有的交通系统注入新的血液,促进智能交通系统的进一步升级与发展。与此同时,现有的智能交通系统也可以为无人驾驶汽车在道路上行驶提供丰富的交通信息,为其早日融入现实交通,为社会与人类服务奠定良好的基础。为了实现这一目标,国内外的政府机构、科研单位与相关企业已在无人驾驶汽车的政策法规、技术研发等方面做了很多努力,并提出了许多新的发展目标与规划。

2. 车联网与智能交通系统

无人驾驶汽车替代传统汽车还需要一定的时间,而这期间必然会存在无人驾驶汽与传统汽车并行的时期。无人驾驶汽车不仅要实现有人驾驶与无人驾驶的无缝衔接,能够进行良好的人机交互,还要具有车与车交互的功能。车联网和智能交通系统将人、车、路综合起来,用系统的观点进行考虑,并把先进的计算机、通信、控制技术运用于交通系统,能够治理城市交通拥堵,提高交通安全水平,并为无人驾驶汽车提供技术和智能道路设施的支持,使无人驾驶汽车预先知道路环境(如交通信号灯、交叉口、匝道等)的信息。可以说,车联网和智能交通系统是无人驾驶汽车技术发展的催化剂。

1)车联网

车联网通常是指通过 V2V、V2I、V2P(Vehicle toperson,车与人)、车与传感设备等的交互,实现车辆与公众网络通信的动态移动通信系统,车联网的结构如图 5-8 所示。它利用通信、互联网和物联网技术将各种车辆进行广泛联网,进而展开各种综合应用;通过 V2V、V2P、车与路互联互通实现信息共享,收集车辆、道路和环境的信息,并在信息网络平台上对多源采集的信息进行加工、计算、共享和安全发布。

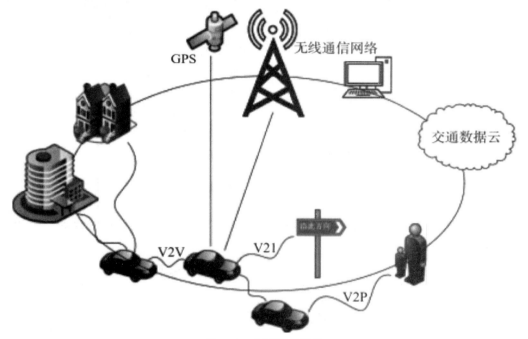

图 5-8　车联网的结构

无人驾驶汽车之间的通信可以大大降低交通事故的发生率。在公路上正常行驶的一辆汽车突然制动,后面有一辆汽车跟随,车中驾驶员从发现制动灯亮起到踩下制动踏板,这个过程需要一段时间。若驾驶员注意力不集中,需要的时间则更长。如果这两辆车可以进行通信,只要前车踩下制动,就可以同时向后车发出信号,而后车接收到信号后能迅速采取减速,甚至紧急制动。不仅如此,V2V 还可以让无人驾驶汽车提前知道彼此的存在,能降低视野盲点较大的交叉口的交通事故率。

　　无人驾驶汽车与道路基础设施之间的通信技术可以使汽车提前得知路口交通信号灯的状态,且道路旁的通信装置也能侦测附近一段路的拥堵情况,并发送信号给较远的车辆,从而使汽车绕开拥堵路段。道路信号也可以上传到网络中,再传送给更远的车辆,以便更多的汽车合理规划出行路线,如图 5-9 所示。

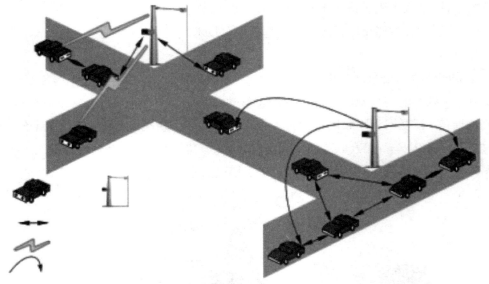

图 5-9　无人驾驶汽车与基础设施之间的通信

2)智能交通系统

　　智能交通系统是将先进的信息技术、通信技术、传感技术、控制技术及计算机技术等有效地集成运用于整个交通运输管理体系,从而建立起一种在大范围内全方位发挥作用的,实时、准确、高效的运输和管理系统。它以信息的收集、处理、发布、交换、分析和利用为主线,为交通参与者提供多样性服务,即利用高科技使传统交通模式变得更加智能化,更加安全、节能、高效。

　　智能交通系统借助系统的智能化,可以将车辆运行调整到最佳状态,使车辆在道路上安全、自由地行驶,保障人、车与路的和谐统一,在极大地提高运输效率的同时,充分保障交通安全,改善环境质量,提高能源利用率,且管理人员能实时掌握道路与车辆的情况。智能交通系统还可以为未来高度智能的无人驾驶汽车提供良好的交互设施,使无人驾驶汽车能够更方便地服务于人。

　　在技术支持方面,智能交通系统能够为无人驾驶汽车提供先验信息,提高无人驾驶汽车的识别效率和识别准确率,促进无人驾驶汽车的安全可靠运行。例如,现在的无人驾驶汽车在识别交通信号灯方面仍然有一定困难。如果其交通信号灯识别模块在无人驾驶汽车行驶的过程中全程起作用,会占用大量的处理器内存,而这会造成处理器资源的浪费并且识别率低和准确率较低。将智能交通系统和无人驾驶汽车结合后,无人驾驶汽车可以提前得知交通信号灯的大致位置和可能出现的图像区域，这样在离交通信号灯一定距离时启动交通信号灯识别模块，将会大大降低其占用内存，而且在预知交通信号灯信息的情况下，需要处理的图像像素也会大大减少，这样针对某一区域进行红、绿、黄的识别将大大提高其识别的准确率和效率，提高无人驾驶汽车的运行可靠性。

目前的智能交通系统主要涉及车辆控制、交通监控、车辆管理和旅行信息等，其组成可分为交通信息服务系统、交通管理系统、公共交通系统、车辆控制系统、物流管理系统、紧急救援系统、电子收费系统7个部分。无人驾驶汽车的发展必将促使智能交通系统发展新的技术，以适应二者之间的交互，如无人驾驶汽车与道路设施之间的传感器信息交互。在交互信息的引导下，无人驾驶汽车视觉感知与导航将会更加准确和实用。

智能交通技术和无人驾驶技术的相互促进、传感器技术和信息技术的不断发展、处理器和芯片性能的不断提高，都可能为未来的出行提供解决方案。无人驾驶汽车将是未来智能交通中的重要组成部分，无人驾驶技术和车联网技术的发展将助推智能交通迈上新的台阶。

扩展阅读：

无人驾驶汽车的相关赛事

为了推进无人驾驶技术更快、更好地发展，DARPA于2004—2007年共举办了3届DARPA无人驾驶挑战赛，见表5-1。

表5-1　DARPA无人驾驶挑战赛

第1届	2004年在美国的莫哈维沙漠进行。共有21支队伍参加赛事，其中15支队伍进入了决赛，但决赛中，没有一支队伍完成整场比赛。卡内基·梅隆大学的Sandstorm行驶最远，共行驶了11.78 km
第2届	2005年在美国举行，共有195支队伍申请参加，其中有5支队伍（Stanley、Sandstorm、Hlghlander、Kat -5、TerraMax）通过了全部考核项目。其中，来自斯坦福大学的Stanley以30.7 km/h的平均速度、6时53分8秒的总时长夺冠，赢得了200万美金，同时，也标志着无人驾驶汽车的速度获得了重大突破
第3届	2007年11月，DARPA城市挑战赛在美国加利福尼亚州一个已关闭的空军基地举行。这届比赛的任务是参赛车辆在6小时内完成96 km的市区道路行驶，并要求参赛车辆遵守所有的交通规则。这届比赛不仅要求参赛车辆在完成基本的无人驾驶，检测和主动避让其他车辆的同时，还要遵守所有的交通规则。由于需要根据其他车辆的动作实时做出智能决策，这对车辆软件来说是一个特殊的挑战。来自卡内基·梅隆大学的Boss以总时长4时10分29秒、平均速度22.53 km/h的成绩夺得了这次挑战赛的冠军

我国的高科技公司——百度也加入了无人驾驶汽车领域的研究，其发展历程见表5-2。

表 5-2　百度无人驾驶汽车的发展历程

2013 年	百度开始无人驾驶汽车项目,其技术核心是"百度汽车大脑"
2015 年 12 月初	百度无人驾驶汽车在北京进行自动驾驶测跑,完成了从进入高速公路到驶出高速公路这两种不同道路场景的切换
2015 年 12 月 14 日	百度宣布正式成立自动驾驶事业部
2017 年 4 月 17 日	百度展示了与博世合作开发的高速公路辅助功能增强版演示车
2018 年 7 月 4 日	百度在第二届百度 AI 开发者大会 (Baidu Create2018) 上宣布,其与厦门金龙合作生产的首款 Level4 级自驾巴士"阿波龙"已经量产下线

世界智能驾驶挑战赛(表 5-3)作为世界智能大会的重要组成部分,由天津市人民政府、国家发展和改革委员会、科学技术部、工业和信息化部、国家互联网信息办公室、中国工程院、中国科学院共同主办,中国汽车技术研究中心、中国生产力促进中心协会、中国人工智能学会智能驾驶专业委员会等专业机构和东丽区人民政府共同承办。世界智能驾驶挑战赛以"智能改变世界,创新驱动为未来"为主题,定位于"高起点、入主流、国际化",致力于打造世界级智能汽车品牌赛事,搭建全球性智能汽车交流平台,构建国际化技术实践测评标尺,旨在通过汽车智能化功能测评、汽车自动驾驶测评、汽车智能网联测评和汽车信息安全测评等一系列立体化、实践性、全方位的测评,为国家决策、产品技术提升、社会消费认知提供权威、公正、第三方的服务。

表 5-3　世界智能驾驶挑战赛

第 1 届	第 1 届世界智能驾驶挑战赛于 2017 年 6 月 29 日由天津市政府联合国家发改委等部门举办。此次挑战赛的主题为"以智能改变世界,创新驱动为未来",共吸引了 63 支车队参加,参赛车队由知名企业、著名高校及研究机构的队伍组成。本次世界智能驾驶挑战赛由天津市人民政府、国家发展和改革委员会、科学技术部、工业和信息化部、国家互联网信息办公室、中国工程院、中国科学院共同主办,是世界智能大会的重要组成部分
第 2 届	第 2 届世界智能驾驶挑战赛于 2018 年 5 月 15—17 日成功举办。本届挑战赛由国家发展和改革委员会、科学技术部、工业和信息化部、国家互联网信息办公室、中国科学院、中国工程院、中国科学技术协会、天津市人民政府共同主办,由天津市东丽区人民政府与中国汽车技术研究中心有限公司、中国生产力促进中心协会、中国人工智能学会智能驾驶专业委员会共同承办。全国政协副主席万钢,天津市政协副主席尚斌义,中国工程院院士李德毅,英国驻广东总领事馆国际贸易部尖端制造及交通行业副总监毕伟,天津市东丽区、中汽中心的主要领导及嘉宾出席并观看了比赛。通信电子创新基地的黄老师和黄炳华学长也受邀观看了比赛
第 3 届	第 3 届世界智能驾驶挑战赛于 2019 年 5 月 15—17 日在天津东丽区举办,在赛事组别方面,设置了无人驾驶挑战赛、信息安全挑战赛和虚拟场景挑战赛等 3 个组别,包括乡村越野赛、高速公路赛、城市街区赛和 IEC 极限赛 (Itelligent Extreme Challenge)。其中 IEC 极限赛为 2019 年新增,测试参赛车辆在路径规划、伦理困境等方面的判断能力;另外,本届比赛调整了智能驾驶挑战赛各比赛场景和场景数量,其中乡村越野赛设置了 16 个场景,高速公路赛设置了 5 个场景,城市街区赛设置了 21 个场景,IEC 极限赛设置了 3 个场景。场景的变化提高了比赛的难度,以适应智能网联汽车技术的发展需求。挑战赛改变了赛制,设置了初赛、复活赛、决赛和附加赛共 4 个阶段,其中附加赛可根据参赛队伍的自身情况选择参加与否。赛制的改变提高了该赛事的观赏性

第六章　加入规划层的轨迹跟踪控制

本章介绍了地面无人驾驶车辆结合路径规划层的轨迹跟踪控制器。车辆类型选择前轮转向的乘用汽车。首先介绍了基于车辆点质量模型的 MPC 轨迹规划控制器，规划出满足车辆动力学约束并实现了避障的可行轨迹；其次介绍了在车辆动力学模型基础上的 MPC 路径跟踪控制器，并给出了 S 函数代码；最后详细介绍了利用 Simulink/CarSim 进行联合仿真的实例。

无人驾驶车辆在实际环境中进行自主驾驶时，由于外部环境是动态的、变化的，所以给定期望轨迹下的跟踪控制并不能保证无人驾驶车辆准确地处理任何轨迹跟踪问题。原因如下：

（1）由于环境未知，预先给定的参考路径不一定能满足安全行驶的要求。

（2）当所给定的期望轨迹存在障碍物时，无人驾驶车辆要根据障碍物信息进行重新规划，绕开障碍物后再继续跟踪期望轨迹。

（3）为了减少计算量，在路径跟踪过程中使用的车辆模型是经过简化的，给定的参考轨迹不一定能满足车辆行驶的动力学和运动学的约束条件。

因此本章从轨迹重规划的角度出发，在轨迹跟踪层之上建立轨迹重规划层，也即局部规划层。该规划层能够根据传感器获得的障碍物信息和参考路径信息重新规划出绕开障碍物的局部期望轨迹信息，再将局部期望轨迹信息输入跟踪控制层，在实现避让障碍物的同时，实现对全局参考路径的跟踪。

第一节　结合规划层的轨迹跟踪控制系统

在原有的轨迹跟踪控制基础上加入规划层后，得到新的控制系统，结构如图 6-1 所示。该控制系统主要由带避障功能的轨迹重规划模块和跟踪控制模块构成。跟踪控制模块接收来自规划层的局部参考轨迹，输出前轮偏角控制量；轨迹重规划模块接收来自传感器的障碍物信息及来自全局规划的参考轨迹信息，通过模型预测控制算法规划出局部参考轨迹，再发送给跟踪控制模块。

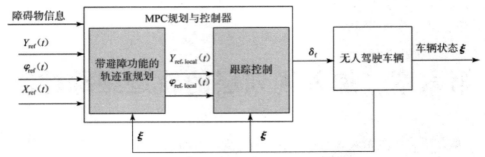

图 6-1　结合规划层的轨迹跟踪控制系统

基于 MPC 的轨迹规划层需要满足以下三个条件：

（1）规划得到的期望轨迹与给定的参考路径之间的偏差要尽可能小。

（2）规划得到的期望轨迹要满足车辆的运动学和动力学的约束条件。

（3）规划得到的期望轨迹要能够避开障碍物，满足安全避障要求。

基于 MPC 的轨迹跟踪控制层需要满足以下三个条件：

（1）实际的跟踪轨迹与期望轨迹之间的偏差要尽可能小。

（2）优化计算得到的车辆控制量要满足执行机构的限制。

（3）车辆行驶要满足安全性要求，这里指车辆行驶时不发生打滑或者侧倾。

在所构建的双层控制体系中都采用模型预测控制算法，因此需要确定以下两方面的问题：

1. 规划层与控制层的模型选择

车辆模型的选择需要综合考虑性能表现及计算量等因素。由于规划算法本身计算量大，而引入模型预测控制的主要目的是使规划结果满足车辆动力学和运动学模型约束，因此为减少计算量，不宜采用太复杂的模型。根据对比实验可知，在规划层采用较低精度的模型而在控制层采用较高精度的模型，能够较好地兼顾控制性能和计算速度。因此，在规划层中采用忽略车身尺寸信息的点质量模型。

2. 控制周期的选择

一般来说，规划层的规划周期可以比控制层的控制周期长。这主要是因为规划层一次可以规划出包含若干个控制周期的轨迹，而采用较短的规划周期对提升规划性能并没有帮助，因此将规划层的规划周期取为控制层控制周期的两倍。经过后续仿真实验验证，该设定可以保证控制系统的实时性与可靠性。

第二节　基于 MPC 的轨迹规划器

轨迹重规划算法是轨迹规划层中的核心内容，主要工作是设计合理的评价函数，在满足各种约束条件下，实现避障功能并且尽量减小车辆与全局参考路径的偏差，最后通过合理的方式输出给跟踪控制层。

在规划层中采用点质量模型，如图 6-2 所示。根据第二章可以得到车辆的点质量模型，如式（6-1）和式（6-2）所示。

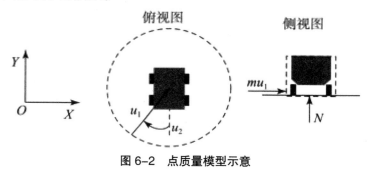

图 6-2　点质量模型示意

$$\ddot{y} = a_y$$
$$\ddot{x} = 0$$
$$\dot{\varphi} = \frac{a_y}{\dot{x}}$$
$$\dot{Y} = \dot{x}\sin\varphi + \dot{y}\cos\varphi$$
$$\dot{x} = x\cos\varphi - \dot{y}\sin\varphi$$

（6-1）

考虑车辆的动力学约束，加入如下约束条件：

$$|a_y| < ug$$

（6-2）

式（6-1）和式（6-2）可以简写成如下形式：

$$\dot{\xi}(t) = f(\xi(t),\ \mu(t))$$
$$|\mu(t)| < ug$$

（6-3）

其中，$\xi = [\dot{Y}, \dot{x}, \phi, Y, X]^T$，共有 5 个离散的状态变量，分别为车辆在 y 和 x 方向的车速、车辆航向角、车体位置的纵坐标和横坐标。u 代表控制量，此处为车辆的前轮偏角 δ。

一、参考点的选择

在轨迹重规划的时候需计算参考轨迹与预测轨迹之间的偏差 $\eta - \eta$ ref，而起始参考轨迹点如何选取则是其中的一个关键问题。Eklund 等利用几何法寻找全局参考轨迹上离车辆最近的轨迹点，如图 6-3（a）所示。该方法利用道路的曲率信息，从车辆质心出发，在局部作垂直于道路的直线，直线与道路的交点即所寻找到的起始参考点。经过多次仿真实验发现，该方法对于尺寸较小的障碍物能够发挥作用，无人驾驶车辆可以在参考轨迹点的指引下顺利达到目标点；但如果障碍物尺寸较大，如杆状的障碍物，车辆的参考点在躲开障碍物后会出现重新回到起始点的情况。出现这个问题的原因在于没有将目标点信息纳入参考轨迹点寻找过程中，当车辆为了绕开障碍物而规划的航向角超过 90° 的轨迹时，车辆便会将已经走过的参考点重新作为新的参考点。

为解决该问题，本书将目标点信息加入参考轨迹点的选择过程中。车辆在跟踪过程中无论处于任何位置，都会在全局坐标系下作出平行于 x 轴和 y 轴的两条直线与全局期望轨迹相交，如图 6-3（b）所示。由于始终存在两个交点，故分别计算这两个交点与目标点的距离，选择距离目标点较近的参考点作为真正的参考起始点。因此，在图中 k 时刻选择点 2 作为参考点，而在 k+1 时刻选择点 3 作为参考点。

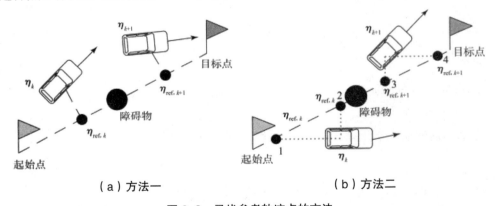

（a）方法一　　　　　　　　　　（b）方法二

图 6-3　寻找参考轨迹点的方法

二、避障功能函数

在无人驾驶车辆行驶环境中，障碍物信息通常由激光雷达的障碍物点给出。当这些障碍物点相互靠近时，可以通过聚类算法将它们形成一个大的障碍物，而障碍物点相互远离时，就可以将其看成多个离散的小障碍物。因此，避障功能函数可以针对每个单独的障碍物进行设计。惩罚函数的基本思路是通过障碍物点与目标点的距离偏差来调节函数值的大小,且距离越近,函数值越大。综合车辆速度与目标函数中惩罚函数的比重对避让障碍物的影响,选择如下形式的避障功能函数:

$$J_{obs,i} = \frac{S_{obs} v_i}{(x_i - x_0)^2 + (y_i - y_0)^2 + \zeta} \qquad (6\text{-}4)$$

其中,S_{obs} 为权重系数,$v_i = v_x^2 + v_y^2$,(x_i, y_i) 是障碍物点在车身坐标系下的位置坐标,(x_0, y_0) 是车辆质心坐标,ζ 为较小的正数,用于防止出现分母为 0 的现象。给定各参数后,函数值随障碍物相对坐标变化的规律如图 6-4(a)所示。

为了使轨迹规划的结果实际可行,需要根据车身尺寸对障碍物进行膨胀处理。本书中的膨胀方法,以无人驾驶车辆运动中心的内切圆和外接圆半径为尺寸对障碍物膨胀。当障碍物尺寸较大时,还需要按照一定的分辨率对障碍物进行分割处理,防止出现车辆从障碍物中间穿越的现象,如图 6-4(b)所示。

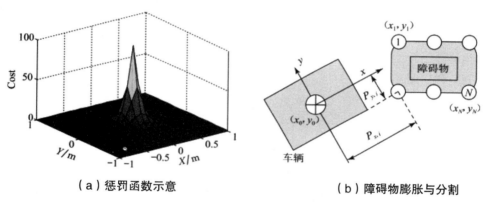

（a）惩罚函数示意　　　　　　　　　　（b）障碍物膨胀与分割

图 6-4　惩罚函数与障碍物膨胀

将上述避障功能函数代入式(6-4)中,设权重系数 S_{obs} 分别为 10、100 和 1 000,给定不同初始状态后的规划结果如图 6-5 所示。当规划层接收到障碍物信息后(图 6-5 中点 1 和点 2),规划出避开障碍物的新轨迹,权重系数的增加会使规划结果趋于保守;而当车辆没有接收到障碍物信息(图 6-5 中点 3)时,权重系数不会对规划结果产生任何影响。当车辆状态测量或者估计存在较大误差时,可以采用较大的权重系数,但同时也带来了跟踪偏差增加的问题。

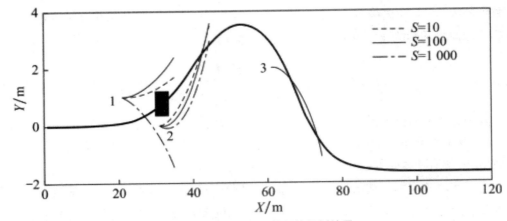

图 6-5　不同权重系数下的规划结果

轨迹重规划层中的控制目标是尽量减少与全局参考路径的偏差,并且实现对障碍物的避让。对障碍物的避让以惩罚函数的方式实现。轨迹重规划层的模型预测控制器具体形式如下:

$$\min_{U_t} \sum_{i=1}^{N_p} \| \boldsymbol{\eta}(t+i \mid t) - \boldsymbol{\eta}_{\text{ref}}(t+i \mid t) \|_Q^2 + \| \boldsymbol{U}_i \|_R^2 + J_{\text{obs},i}$$
$$J_{\text{obs},i} = \frac{S_{\text{obs}} v_i}{(x_i - x_0)^2 + (y_i - y_0)^2 + \zeta} \tag{6-5}$$

其中,Jobs,i 为采样时刻 i 的避障函数。

由于规划层的实时性要求比控制层低,点质量模型相对于非线性动力学模型也进行了较大程度的简化,具备更高求解精度的非线性模型预测控制算法完全能够满足轨迹重规划的要求,而非线性目标函数的采用也能给后续惩罚函数的设计带来便利。因此,对于式(6-5)不再进行线性化,而是直接基于非线性模型求解。相关解法已在第三章中介绍,此处不再重复。

三、5 次多项式轨迹拟合

在轨迹重规划算法中,将目标函数设定为有限时域内与参考点的距离偏差最小,所规划出的轨迹是以预测时域内离散的点给出的。随着预测时域的增加,这些局部参考轨迹点的数量也会随之增加。直接将这些点输入控制层,占用了过多的控制器输入接口,不利于控制器的规范化设计。另外,由于规划层与控制层的控制周期并不一致,控制层很难根据离散的参考轨迹点完成轨迹跟踪的任务。

综合上述因素,有必要对轨迹重规划算法所规划出的局部参考路径进行处理,实现规划层与控制层的顺利对接。曲线拟合是对离散点处理的主要方式,根据所采用曲线的不同,有样条曲线拟合、多项式拟合及幂指数拟合等。由于车辆存在运动学约束,如车辆位置连续要求曲线是连续的,横摆角连续要求曲线是一阶连续的,而加速度约束则要求曲线二阶连续。因此,本书选择 5 次多项式作为拟合曲线,形式如下:

$$Y = a_0 t^5 + a_1 t^4 + a_2 t^3 + a_3 t^2 + a_4 t + a_5$$

$$\varphi \quad J_{\text{obs},i} = \frac{S_{\text{obs}} v_i}{(x_i - x_0)^2 + (y_i - y_0)^2 + \zeta} \tag{6-6}$$

其中,ap=[a0, a1, a2, a3, a4, a5],bp=[b0, b1, b2, b3, b4, b5] 为待求参数。

设规划层预测时域 Np=16,拟合结果如图 6-6 所示。图 6-6 中,星号为轨迹重规划算法在预测时域内规划出的离散点,曲线为拟合后的轨迹曲线。

以拟合后各数据点残差的范数来表征拟合质量,对整个轨迹重规划过程中的 201 次规划数据进行统计,统计结果如图 6-7 所示。从图中可以看出,车辆位置横坐标 Y 的拟合残差最大值为 0.003,车体航向角 ϕ 的拟合残差最大值不超过 7.50×10^{-5},具备非常高的拟合精度。

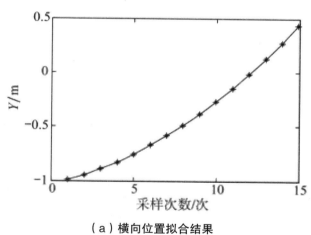

（a）横向位置拟合结果

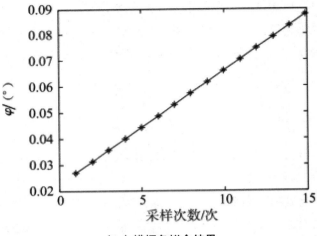

（b）横摆角拟合结果

图6-6　离散轨迹点拟合结果

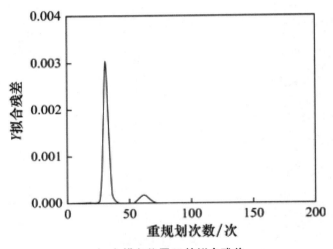

（a）横向位置Y的拟合残差

图6-7　数据点拟合质量统计

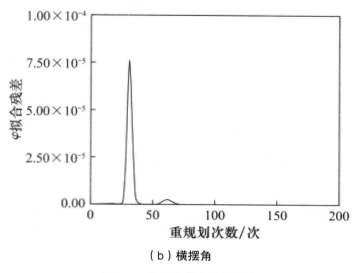

（b）横摆角

图6-7　数据点拟合质量统计

四、非线性二次规划计算

在用 S 函数实现基于 MPC 的轨迹规划器时首先需要确定 S 函数的输入与输出量，如图 6-8 所示。基于 MPC 的轨迹规划器将 CarSim 的部分输出作为输入，CarSim 输出的参数为 $[\dot{y},\dot{x},\phi,\dot{\phi},Y,X]$，分别代表车辆在 Y 和 X 坐标方向上的速度、航向角及航向角速度，在 Y 和 X 坐标轴下的坐标等，共 6 个参数。基于 MPC 的轨迹规划器的输出是规划好的期望轨迹方程的参数，因为选择了 5 次曲线进行曲线拟合，所以这里的输出量为 10 个。

图6-8　各个模块的输入与输出示意

本节主要介绍如何通过 Simulink 的 S 函数设计基于 MPC 的轨迹规划器。读者直接调用"chapter6_2_4.m"文件生成 S 函数形式的轨迹规划器。

为便于代码解析，将仿真程序文件"chapter6_2_4.m"分为若干模块分别介绍。程序后面有备注，以方便读者阅读。

第一部分为主函数。通过此函数完成程序的初始化，并设置 S 函数模块的输入、输出和状态变量的个数等。sys 变量在不同的阶段表示不同的意义。

```
function[sys,x0,str,ts]=MPC_TrajPlanner(t,x,u,flag)
% 该程序功能:用点质量模型设计规划期,能够规避障碍物
% 程序版本 V1.0,Matlab 版本:R2011a,采用 S 函数的标准形式
% 状态量 = [y_dot,x_dot,phi,Y,X],控制量为前轮偏角 ay
  switch flag,
  case 0      % flag=0 表示处于初始化状态,此时用函数 mdlInitial-
              izeSizes 进行初始化
    [sys,x0,str,ts]=mdlInitializeSizes;% Initialization
  case 2        % flag=2 表示此时要计算下一个离散状态
    sys=mdlUpdates(t,x,u);% Update discrete states
  case 3   % flag=3 表示此时要计算输出
    sys=mdlOutputs(t,x,u);% Calculate outputs
  case {1,4,9}  % Unused flags
  % flag=1 表示此时要计算连续状态的微分
  % flag=4 表示此时要计算下一次采样的时间,主要用于变步长的设置
  % flag=9 表示此时系统要结束
    sys=[];                   % 不使用的标志量置空
  otherwise
    error(['unhandled flag = ',num2str(flag)]);
                              % Error handling
  end
% End of dsfunc.
```

第二部分为初始化子函数。通过之前的描述可知,该模块有 5 个离散状态变量、6 个输入变量,以及 10 个输出变量。其实现过程如下所示:

```
function[sys,x0,str,ts]=mdlInitializeSizes
    sizes=simsizes;                 % 用于设置模块参数的结构体,
                                    用 simsizes 来生成
    sizes.NumContStates     =0;% 模块连续状态变量的个数
    sizes.NumDiscStates     =5;% 模块离散状态变量的个数
    sizes.NumOutputs        =10;% 输出期望的 Y 和 phi
    sizes.NumInputs         =6;% 模块输入变量的个数
    sizes.DirFeedthrough    =1;% 模块是否存在直接贯通
```

```
sizes.NumSampleTimes      =1;% 模块的采样次数,至少是一个
sys = simsizes(sizes);        % 设置完后赋给 sys 输出
x0 = [0.001;0.0001;0.0001;0.00001;0.00001;];
                              % 状态变量设置
str = [];                     % 保留参数
ts  = [0.1 0];                % 采样周期:这里轨迹规划的周
                                期设为 100 ms

% End of mdlInitializeSizes
```

第三部分为更新离散状态量的子函数。

```
function sys = mdlUpdates(t,x,u)
sys = x;                      % 更新状态变量
% End of mdlUpdate.
```

第四部分为计算输出的子函数,是基于 MPC 轨迹规划器的主体。

```
function sys = mdlOutputs(t,x,u)
% u 是 CarSim 的输出;t 是时间变量;x 是状态量,x = [y_dot,x_dot,
   phi,Y,X]
Nx = 5;                        % 状态量的个数
Np = 15;                       % 预测步长
Nc = 2;                        % 控制步长
Nobs = 6;                      % 障碍物个数
T = 0.1;                       % Sample Time
y_dot = u(1)/ 3.6;             % 速度单位是 km/h,转换为 m/s
x_dot = u(2)/ 3.6 + 0.0001;    % 单位是 km/h,转换为 m/s,加一个很小的数
                                  可以防止分母为零
phi = u(3) * pi/ 180;          % CarSim 输出的为角度,角度转换为弧度
phi_dot = u(4) * pi/ 180;      % 角速度,角度转换为弧度
Y = u(5);                      % 单位为 m
X = u(6);                      % 单位为 m
% ==========================================================
% 参考轨迹生成
% ==========================================================
shape = 2.4;                   % 参数名称,用于参考轨迹生成
```

```matlab
dx1 = 25;dx2 = 21.95;        % 只是参数名称
dy1 = 4.05;dy2 = 5.7;        % 只是参数名称
Xs1 = 27.19;Xs2 = 56.46;     % 参数名称
X_phi = 1: 1: 220;           % 这个点的区间是根据纵向速度(x_dot)
                               来定的
z1 = shape/dx1*(X_phi - Xs1) - shape/2;
z2 = shape/dx2*(X_phi - Xs2) - shape/2;
Y_ref = dy1/2.*(1 + tanh(z1)) - dy2/2.*(1 + tanh(z2));
% phi_ref = atan(dy1*(1./cosh(z1)).^2*(1.2/dx1) - dy2*
    (1./cosh(z2)).^2*(1.2/dx2));
% ============================================================
% 矩阵转换。将状态变量转化为状态变量矩阵
% ============================================================
State_Initial = zeros(Nx,1);
State_Initial(1,1) = y_dot;
State_Initial(2,1) = x_dot;
State_Initial(3,1) = phi;
State_Initial(4,1) = Y;
State_Initial(5,1) = X;
% ============================================================
% 障碍物信息设置
% ============================================================
X_obstacle = zeros(Nobs,1);
X_obstacle(1:2) = 30;
X_obstacle(3:4) = 35;
X_obstacle(5:6) = 32.5;
Y_obstacle = zeros(Nobs,1);
Y_obstacle(1) = 0.5;
Y_obstacle(2) = 1;
Y_obstacle(3) = 0.5;
Y_obstacle(4) = 1;
Y_obstacle(5) = 0.5;
Y_obstacle(6) = 1;
```

```
Yref = ( Y_ref( 1,round( State_Initial( 5,1 ))+1:round( State_
    Initial( 5,1 ))+15 ))' ;% Yref 采用的是近似算法,此处为局部期望路径
Q = 100* eye( Np,Np ) ;    % 这里设置评价矩阵,都设为 1。可以根据跟踪
                              情况加以调整
R = 20* eye( Nc,Nc ) ;     %
S = 100 ;                   % 避障函数的权重
% ==================================================================
% 开始求解过程
% ==================================================================
mu = 0.4 ;                  % 地面摩擦系数
g = 9.8 ;
lb = [ - mu* g; - mu* g ] ;
ub = [ mu* g;mu* g ] ;      % 设置约束
A = [ ] ;
b = [ ] ;
Aeq = [ ] ;
beq = [ ] ;
options = optimset( ' Algorithm',' active - set' ) ;
[ A,fval,exitflag ]= fmincon( @ ( x )MY_costfunction( x,State_
 Initial,Np,Nc,Nobs,T,Yref,Q,R,S,X_obstacle,Y_obstacle ),
[ 0;0; ],A,b,
    Aeq,beq,lb,ub,[ ],options );% 求解
fprintf( 'exitflag = % d \n' ,exitflag );
% ==================================================================
% 计算输出
% ==================================================================
y_dot_predict = zeros( Np,1 );% 以下根据计算出的控制量推导所有
                                的状态量
x_dot_predict = zeros( Np,1 );
phi_predict = zeros( Np,1 );
Y_predict = zeros( Np,1 );
X_predict = zeros( Np,1 );
for i=1:1:Np
```

```matlab
    if i==Nc-1
            ay(i)=A(1);
            y_dot_predict(i,1)=State_Initial(1,1)+T* ay
              (i);            % 以下完成状态量更新
            x_dot_predict(i,1)=State_Initial(2,1);
            phi_predict(i,1)=State_Initial(3,1)+T* ay(i)/
        State_Initial(2,1);
            Y_predict(i,1)=State_Initial(4,1)+T* (State_
                            Initial(2,1) * sin(State_Ini-
                            tial(3,1))+State_Initial(1,1)*
                            cos(State_Initial(3,1)));
            X_predict(i,1)=State_Initial(5,1)+T* (State_
                            Initial(2,1) * cos(State_Ini-
                            tial(3,1))-State_Initial(1,1)*
                            sin(State_Initial(3,1)));
        else
            ay(i)=A(2);% 这种写法是仅仅考虑两个控制周期
            y_dot_predict(i,1)=y_dot_predict(i-1,1)+T* ay(i);
            x_dot_predict(i,1)=State_Initial(2,1);
            phi_predict(i,1)=phi_predict(i-1,1)+T* ay
                            (i)/ x_dot_predict(i-1,1);
            Y_predict(i,1)=Y_predict(i-1)+T* (State_Ini-
                            tial(2,1)* sin(phi_predict(i-
                            1))+ y_dot_predict(i-1)* cos
                            (phi_predict(i-1)));
            X_predict(i,1)=X_predict(i-1)+T* (State_Ini-
                            tial(2,1)* cos(phi_predict(i-
                            1))- y_dot_predict(i-1)* sin
                            (phi_predict(i-1)));
        end
end
Paramater_X_Y=polyfit(X_predict,Y_predict,4);
Paramater_X_PHI=polyfit(X_predict,phi_predict,4);
```

```
        OutPut(1:5)=Paramater_X_Y;
        OutPut(6:10)=Paramater_X_PHI;
        sys=OutPut;
        % End of mdlOutputs.
```

第五部分为求代价函数的功能子函数。

```
function cost=MY_costfunction(x,State_Initial,Np,Nc,Nobs,
                T,,Yref,Q,R,S,Y_obstacle)   % 求代价函数的功
                能子函数
cost=0;
y_dot=State_Initial(1,1);
x_dot=State_Initial(2,1);
phi=State_Initial(3,1);
Y=State_Initial(4,1);
X_start=State_Initial(5,1);
y_dot_predict=zeros(Np,1);
x_dot_predict=zeros(Np,1);
phi_predict=zeros(Np,1);
Y_predict=zeros(Np,1);
X_predict=zeros(Np,1);
Y_error=zeros(Np,1);
J_obst=zeros(Np,1);
ay=zeros(Np,1);
for i=1:1:Np
    if i==Nc-1
        ay(i,1)=x(1);
        y_dot_predict(i,1)=y_dot+T* ay(i,1);
                % 以下完成状态量更新
        x_dot_predict(i,1)=x_dot;
        phi_predict(i,1)=phi+T* ay(i)/ x_dot;
        Y_predict(i,1)=Y+T* (x_dot* sin(phi)+y_dot* cos
                (phi));
```

```
        X_predict(i,1)=X_start+T*(x_dot*cos(phi)-y_
                dot*sin(phi));
        for j=1:1:Nobs
            J_obst(i,1)=J_obst(i,1)+1/(((X_predict(i,
                1))X_obstacle(j,1))^2+(Y_pre-
                dict(i,1)-Y_obstacle(j,1))^2+
                0.000001);
        end
    else
        ay(i,1)=x(2);%这种写法是仅仅考虑两个控制周期
        y_dot_predict(i,1)=y_dot_predict(i-1,1)+T*ay
                (i,1);
        x_dot_predict(i,1)=x_dot;
        phi_predict(i,1)=phi_predict(i-1,1)+T*ay(i)/
                x_dot_predict(i-1,1);
        Y_predict(i,1)=Y_predict(i-1)+T*(x_dot*sin(phi_
                predict(i-1))+y_dot_predict(i-1)*
                cos(phi_predict(i-1)));
        X_predict(i,1)=X_predict(i-1)+T*(x_dot*cos
                (phi_predict(i-1))-y_dot_pre-
                dict(i-1)*sin(phi_predict(i-
                1)));
        for p=1:1:Nobs
            J_obst(i,1)=J_obst(i,1)+1/(((X_predict
                (i,1))-X_obstacle(p,1))^2+
                (Y_predict(i,1)-Y_obstacle
                (p,1))^2+0.000001);
        end
    end
    Y_error(i,1)=Y_predict(i,1)-Yref(i,1);
                %Yref是局部期望路径,Y_ref为全局期望路径
end
cost=cost+Y_error'*Q*Y_error+ay(1:2)'*R*ay(1:2)+S
    *sum(J_obst(:));
% End of CostFunction
```

137

第三节　基于 MPC 的路径跟踪控制器

为了减少计算量,这里选择车辆的线性时变模型进行 MPC 计算。模型状态量是($\dot{Y}$,$\dot{X}$,$\dot{\theta}$,θ,Y,X),控制量为车辆的前轮偏角 δ。为保证控制的实时性,在跟踪控制层依然采用基于线性时变模型的模型预测控制算法,设计如下形式的跟踪控制器:

$$\min_{\Delta U,,\varepsilon} \sum_{i=1}^{N_p} \parallel \boldsymbol{\eta}(t+i\mid t) - \boldsymbol{\eta}_{\text{ref,local}}(t+i\mid t) \parallel_Q^2 + \sum_{i=1}^{N_c-1} \parallel \Delta \boldsymbol{u}(t+i\mid t) \parallel_R^2 + \rho\varepsilon^2$$

$$\text{s. t. } \Delta \boldsymbol{U}_{\min} \leqslant \Delta \boldsymbol{U}_t \leqslant \Delta \boldsymbol{U}_{\max}$$

$$\boldsymbol{U}_{\min} \leqslant \boldsymbol{A}\Delta \boldsymbol{U}_t + \boldsymbol{U}_t \leqslant \boldsymbol{U}_{\max}$$

$$\boldsymbol{y}_{\text{he,min}} \leqslant \boldsymbol{y}_{\text{he}} \leqslant \boldsymbol{y}_{\text{he,max}}$$

$$J_{\text{obs},i} = \frac{S_{\text{obs}}v_i}{(x_i-x_0)^2 + (y_i-y_0)^2 + \zeta} \tag{6-7}$$

其中,η ref, local=[Yref, local,φref, local] 为轨迹重规划层输出的局部参考轨迹。

本章的轨迹跟踪控制器是基于车辆简化动力学模型(小角度假设)设计的,在第五章有详细介绍,这里不再赘述。本节主要介绍如何通过 Simulink 的 S 函数设计基于 MPC 的轨迹跟踪控制器。可直接调用"chapter6_3.m"文件生成 S 函数形式的轨迹规划器。

为便于代码解析,将该仿真程序分为若干模块分别介绍。程序后面有备注,以方便读者阅读。

第一部分为主函数。

```
function[sys,x0,str,ts]=MPC_Controller(t,x,u,flag)
% 该程序功能:用 LTV MPC 和车辆简化动力学模型(小角度假设)设计控制
  器,接受来自规划器的期望轨迹,实现轨迹跟踪控制功能
% 程序版本 V1.0,Matlab 版本:R2011a,采用 S 函数的标准形式
% 状态量 =[y_dot,x_dot,phi,phi_dot,Y,X],控制量为前轮偏角 del-
  ta_f
switch flag,
  case 0
```

```
[sys,x0,str,ts]=mdlInitializeSizes;% Initialization
case 2
    sys=mdlUpdates(t,x,u);% Update discrete states
case 3
    sys=mdlOutputs(t,x,u);% Calculate outputs
case{1,4,9}% Unused flags
    sys=[];
otherwise
    error(['unhandled flag=',num2str(flag)]);% Error
        handling
end
% End of dsfunc.
```

第二部分为初始化子函数。

```
function[sys,x0,str,ts]=mdlInitializeSizes
sizes=simsizes;
sizes.NumContStates   =0;%
sizes.NumDiscStates   =6;%
sizes.NumOutputs      =1;
sizes.NumInputs       =16;
sizes.DirFeedthrough  =1;%
sizes.NumSampleTimes  =1;
sys=simsizes(sizes);
x0=[0.001;0.0001;0.0001;0.00001;0.00001;0.00001];
global U;
U=[0];                   % 控制量初始化
str=[];                  % Set str to an empty matrix.
ts=[0.02 0];             % sample time:[period,offset]
% End of mdlInitializeSizes
```

第三部分为更新离散状态量子函数。

```
function sys=mdlUpdates(t,x,u)
sys=x;
% End of mdlUpdate.
```

第四部分为计算输出子函数,是基于 MPC 轨迹规划器的主体。

```
function sys = mdlOutputs(t,x,u)
global a b;
global U;
Nx = 6;          % 状态量的个数
Nu = 1;          % 控制量的个数
Ny = 2;          % 输出量的个数,可以先用两个输出量
Np = 25;         % 预测步长
Nc = 10;         % 控制步长
Row = 1000;      % 松弛因子
fprintf(' Update start,t = % 6.3f \n' ,t)
y_dot = u(1) / 3.6;% 单位是 km/ h,转换为 m/s
x_dot = u(2) / 3.6 + 0.0001;% 后面加一个非常小的数,是防止出现分母
                      为零的情况

phi = u(3)* 3.141592654/ 180;% CarSim 输出的为角度,角度转换为
                      弧度

phi_dot = u(4)* 3.141592654/ 180;
Y = u(5);% 单位为 m
X = u(6);% 单位为 m
% =============================================================
% 根据规划器的输入确定参考轨迹
% =============================================================
Paramater_X_Y(1,1) = u(7);% 读入局部规划器的数据,传递进来的是 5
                      次曲线的参数

Paramater_X_Y(1,2) = u(8);
Paramater_X_Y(1,3) = u(9);
Paramater_X_Y(1,4) = u(10);
Paramater_X_Y(1,5) = u(11);
Paramater_X_phi(1,1) = u(12);
Paramater_X_phi(1,2) = u(13);
Paramater_X_phi(1,3) = u(14);
Paramater_X_phi(1,4) = u(15);
Paramater_X_phi(1,5) = u(16);
```

```
% ================================================================
% 车辆参数输入
% ================================================================
Sf=0.2;Sr=0.2;% syms sf sr;% 分别为前后车轮的滑移率
lf=1.232;lr=1.468;% syms lf lr;% 前后车轮距离车辆质心的距离,
                               车辆固有参数
Ccf=66900;Ccr=62700;Clf=66900;Clr=62700;% 分别为前后车
                               轮的纵横向侧
                               偏刚度
m=1723;g=9.8;I=4175;% m 为车辆质量,g 为重力加速度,I 为车辆绕
                     Z 轴的转动惯量
% ================================================================
% 参考轨迹生成
% ================================================================
X_predict=zeros(Np,1);% 用于保存预测时域内的纵向位置信息,是
                       计算期望轨迹的基础
phi_ref=zeros(Np,1);% 用于保存预测时域内的期望轨迹
Y_ref=zeros(Np,1);% 用于保存预测时域内的期望轨迹
dphi_ref=zeros(Np,1);
% ================================================================
% 矩阵转换
% ================================================================
kesi=zeros(Nx+Nu,1);
kesi(1)=y_dot;% u(1)==X(1)
kesi(2)=x_dot;% u(2)==X(2)
kesi(3)=phi;% u(3)==X(3)
kesi(4)=phi_dot;
kesi(5)=Y;
kesi(6)=X;
kesi(7)=U(1);% 计算 kesi,即状态量与控制量合在一起
delta_f=U(1);
fprintf(' Update start,u(1)=% 4.2f \n' ,U(1))
T=0.02;% 仿真步长
```

```
T_all=20;%临时设定,总的仿真时间,主要功能是防止计算期望轨迹越界
% ================================================================
% 矩阵设置
% ================================================================
Q_cell=cell(Np,Np);%权重设置
for i=1:1:Np;
    for j=1:1:Np;
        if i==j
            Q_cell{i,j}=[2000 0;0 10000;];
        else
            Q_cell{i,j}=zeros(Ny,Ny);
        end
    end
end
R=5*10^5*eye(Nu*Nc);
```
% 最基本也最重要的矩阵,是控制器的基础,采用动力学模型,该矩阵与车辆参数密切相关,通过对动力学方程求解雅克比矩阵得到
```
a=[1-(259200*T)/(1723*x_dot),-T*(phi_dot+(2*
((460218*phi_dot)/5-62700*y_dot))/(1723*x_dot^2)-
(133800*((154*phi_dot)/125+y_dot))/(1723*x_dot^
2)),0,-T*(x_dot-96228/(8615*x_dot)),0,0
T*(phi_dot-(133800*delta_f)/(1723*x_dot)),
(133800*T*delta_f*((154*phi_dot)/125+y_dot))/
(1723*x_dot^2)+1,
0,T*(y_dot-(824208*delta_f)/(8615*x_dot)),0,0
0,0,1,T,0,0
(33063689036759*T)/(7172595384320*x_dot),T*
(((2321344006605451863*phi_dot)/8589934592000-
(6325188028897689*y_dot)/34359738368)/(4175*x_dot^
2)+(5663914248162509*((154*phi_dot)/125+y_dot))/
(143451907686400*x_dot^2)),
0,1-(8131659190079009227*T)/(7172595384320000*x_
dot),0,0
```

```
      T* cos(phi),T* sin(phi),  T* (x_dot* cos(phi)- y_dot*
         sin(phi)),0,1,0 -
      T* sin(phi),T* cos(phi), - T* (y_dot* cos(phi)+ x_dot*
         sin(phi)),0,0,1];
b=[133800* T/1723;T* ((267600* delta_f)/1723 - (133800*
   ((154 * phi _dot)/ 125 + y_dot))/ (1723 * x_dot)); 0;
   5663914248162509* T/143451907686400;0;0];
d_k = zeros(Nx,1);% 计算偏差, 即 falcone42 页中的 d(k,t)
state_k1 = zeros(Nx,1);% 预测的下一时刻状态量,用于计算偏差
% 以下为根据离散非线性模型预测下一时刻状态量。% 注意,为避免前后轴
   距的表达式(a,b)与控制器的 a,b 矩阵冲突,将前后轴距的表达式改为
   lf 和 lr。
state_k1(1,1)= y_dot +T* ( - x_dot* phi_dot +2* (Ccf* (delta_
             f - (y_dot + lf* phi_dot)/ x_dot)+ Ccr* (lr*
             phi_dot - y_dot)/ x_dot)/ m);
state_k1(2,1)= x_dot + T* (y_dot* phi_dot +2* (Clf* Sf +Clr*
             Sr + Ccf* delta_f* (delta_f - (y_dot + phi_dot*
             lf)/ x_dot))/m);
state_k1(3,1)= phi + T* phi_dot;
state_k1(4,1)= phi_dot + T* ((2* lf* Ccf* (delta_f - (y_dot +
             lf* phi_dot)/ x_dot)- 2* lr* Ccr* (lr* phi_
             dot - y_dot)/ x_dot)/I);
state_k1(5,1)= Y + T* (x_dot* sin(phi)+ y_dot* cos(phi));
state_k1(6,1)= X + T* (x_dot* cos(phi)- y_dot* sin(phi));
d_k = state_k1 - a* kesi(1:6,1)-b* kesi(7,1);
d_piao_k = zeros(Nx + Nu,1);% d_k 的增广形式
d_piao_k(1:6,1)= d_k;
d_piao_k(7,1)= 0;
A_cell = cell(2,2);
B_cell = cell(2,1);
A_cell{1,1}= a;
A_cell{1,2}= b;
A_cell{2,1}= zeros(Nu,Nx);
A_cell{2,2}= eye(Nu);
```

```
        B_cell{1,1}=b;
        B_cell{2,1}=eye(Nu);
        A=cell2mat(A_cell);
        B=cell2mat(B_cell);
        C=[0 0 1 0 0 0 0;0 0 0 0 1 0 0;];
        PSI_cell=cell(Np,1);%
        THETA_cell=cell(Np,Nc);
        GAMMA_cell=cell(Np,Np);%
        PHI_cell=cell(Np,1);%
        for p=1:1:Np;
            PHI_cell{p,1}=d_piao_k;% 为了简便,这里认为近似相等
            for q=1:1:Np;
                if q<=p;
                    GAMMA_cell{p,q}=C* A^(p-q);
                else
                    GAMMA_cell{p,q}=zeros(Ny,Nx+Nu);
                end
            end
        end
        for j=1:1:Np
            PSI_cell{j,1}=C* A^ j;
            for k=1:1:Nc
                if k<=j
                    THETA_cell{j,k}=C* A^(j-k)* B;
                else
                    THETA_cell{j,k}=zeros(Ny,Nu);
                end
            end
        end
        PSI=cell2mat(PSI_cell);% size(PSI)=[Ny* Np Nx+Nu]
        THETA=cell2mat(THETA_cell);% size(THETA)=[Ny* Np Nu* Nc]
        GAMMA=cell2mat(GAMMA_cell);
        PHI=cell2mat(PHI_cell);
        Q=cell2mat(Q_cell);
```

```
H_cell = cell(2,2);
H_cell{1,1} = THETA'* Q* THETA + R;
H_cell{1,2} = zeros(Nu* Nc,1);
H_cell{2,1} = zeros(1,Nu* Nc);
H_cell{2,2} = Row;
H = cell2mat(H_cell);
error_1 = zeros(Ny* Np,1);
Yita_ref_cell = cell(Np,1);
for p = 1:1:Np
    if t + p* T > T_all
        X_DOT = x_dot* cos(phi) - y_dot* sin(phi);% 惯性坐标系
下纵向速度
        X_predict(Np,1) = X + X_DOT* Np* T;
        Y_ref(p,1) = polyval(Paramater_X_Y,X_predict(Np,1));
        phi_ref(p,1) = polyval(Paramater_X_phi,X_predict
        (Np,1));
        Yita_ref_cell{p,1} = [phi_ref(p,1);Y_ref(p,1)];
    else
        X_DOT = x_dot* cos(phi) - y_dot* sin(phi);% 惯性坐标系下纵
向速度
        X_predict(p,1) = X + X_DOT* p* T;% 首先计算出未来 X 的位置,X
                                        (t) = X + X_dot* t
        Y_ref(p,1) = polyval(Paramater_X_Y,X_predict(p,1));
        phi_ref(p,1) = polyval(Paramater_X_phi,X_predict(p,
                1));
        Yita_ref_cell{p,1} = [phi_ref(p,1);Y_ref(p,1)];
    end
end
Yita_ref = cell2mat(Yita_ref_cell);
error_1 = Yita_ref - PSI* kesi - GAMMA* PHI;% 求偏差
f_cell = cell(1,2);
f_cell{1,1} = 2* error_1'* Q* THETA;
f_cell{1,2} = 0;
```

```
f = - cell2mat( f_cell);
% ==========================================================
% 控制量约束
% ==========================================================
A_t = zeros( Nc,Nc);
for p=1:1:Nc%% 以下为约束生成区域
    for q=1:1:Nc
        if q <= p
            A_t(p,q)=1;
        else
            A_t(p,q)=0;
        end
    end
end
A_I = kron( A_t,eye(Nu));
Ut = kron( ones( Nc,1),U(1));
umin = - 0.1744;% 维数与控制变量的个数相同
umax = 0.1744;
delta_umin = - 0.0148 * 0.4;
delta_umax = 0.0148 * 0.4;
Umin = kron( ones( Nc,1),umin);
Umax = kron( ones( Nc,1),umax);
ycmax = [ 0.21;5];
ycmin = [ - 0.3; - 3];% 输出量约束( 硬约束设置),此处让所有输出为硬
                        约束
Ycmax = kron( ones( Np,1),ycmax);
Ycmin = kron( ones( Np,1),ycmin);
% 结合控制量约束和输出量约束
A_cons_cell = {A_I zeros(Nu* Nc,1); - A_I zeros(Nu* Nc,1);
   THETA zeros(Ny* Np,1); - THETA zeros(Ny* Np,1)};
b_cons_cell = {Umax - Ut; - Umin + Ut;Ycmax - PSI* kesi - GAMMA*
   PHI; - Ycmin + PSI* kesi + GAMMA* PHI};
A_cons = cell2mat( A_cons_cell);% 状态量不等式约束增益矩阵,转
                        换为绝对值的取值范围
```

```
b_cons = cell2mat( b_cons_cell) ;%( 求解方程) 状态量不等式约束的
                                        取值
M = 10;
delta_Umin = kron( ones( Nc,1) ,delta_umin) ;
delta_Umax = kron( ones( Nc,1) ,delta_umax) ;% 状态量约束
lb = [delta_Umin;0] ;%( 求解方程) 状态量下界, 包含控制时域内控制
                        增量和松弛因子
ub = [delta_Umax;M] ;%( 求解方程) 状态量上界, 包含控制时域内控制
                        增量和松弛因子
% =======================================================
% 开始求解过程
% =======================================================
options = optimset( ' Algorithm' ,' active - set' ) ;
x_start = zeros( Nc + 1,1) ;% 加入一个起始点
[X,fval,exitflag] = quadprog( H,f,A_cons,b_cons,[ ],[ ],lb,
                        ub,x_start,options) ;
fprintf( ' exitflag = % d \n' ,exitflag) ;
fprintf( ' H = % 4.2f \n' ,H( 1,1) ) ;
fprintf( ' f = % 4.2f \n' ,f( 1,1) ) ;
% =======================================================
% 计算输出
% =======================================================
u_piao = X( 1) ;% 得到控制增量
U( 1) = kesi( 7,1) + u_piao;% 当前时刻的控制量为上一时刻控制 + 控制增量
sys = U;
% End of mdlOutputs.
```

第四节 不同车速下的跟踪控制仿真实例验证

设计仿真工况,测试轨迹跟踪控制系统在不同速度下的跟踪能力。依然以双移线轨迹作为车辆的全局参考轨迹,仿真工况设定如下:

轨迹跟踪仿真实验分别在 10 m/s、20 m/s 和 30 m/s 的速度下进行,道路附着条件良好,μ=0.8。参考轨迹上存在一个障碍物,膨胀后的尺寸为 5 m × 2 m,角点的坐标位置为(30, 0.5)。上层规划器所采用的参数为: T=0.1 s, Np=15, Nc=2, Q=10, R=5, Sobs=10。

下层跟踪控制器所采用的参数为：T=0.05 s，Np=25，Nc=10，$-10°\leqslant\delta f\leqslant 10°$，$-0.85°\leqslant\Delta\delta f\leqslant 0.85°$，权重矩阵设置为

$$Q=\begin{bmatrix}200 & 0 & 0\\0 & 100 & 0\\0 & 0 & 100\end{bmatrix},\quad R=1.1\times10^{5},\quad \rho=1\,000$$

下面介绍用 Simulink/CarSim 进行联合仿真的具体步骤。

首先要新建一组 Datasets，出现图 6-9 所示的对话框。在两个文本框中分别输入"Example"和"MPCTracker"，然后单击"Set"按钮，完成新建。此时，选择主菜单中的"Datasets"下拉菜单，发现"Example"一栏中多出"MPCTracker"。

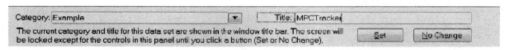

图 6-9　新建 Datasets

进入模型编辑界面，如图 6-10 所示。

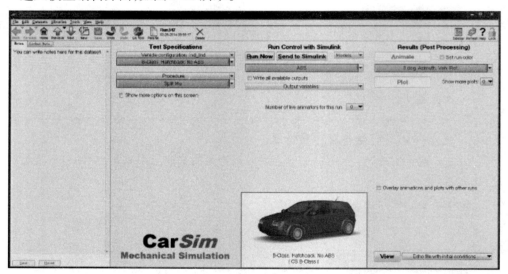

图 6-10　CarSim 主界面

在此界面进行车辆参数和仿真工况的设置、数学模型求解及后处理。下面进行详细介绍。

一、车辆参数设置

在车辆参数设置部分，需要设置的车辆参数有整车尺寸和外形，系统和前、后悬架等，如图 6-11 所示。

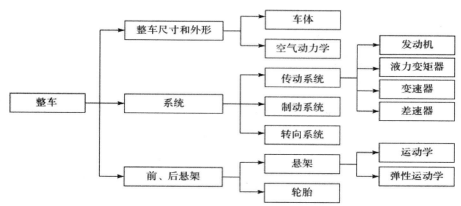

图 6-11　车辆参数设置内容

按照德国汽车分级标准,A 级(包括 A,A0,A00)车是小型轿车,B 级车是中档轿车,C 级车是高档轿车,D 级车是豪华轿车。其等级划分主要依据轴距、排量、重量等参数,字母顺序越靠后,该级别车的轴距越长、排量和重量越大,轿车的豪华程度也不断提高。

这里我们以比亚迪速锐汽车作为原型进行建模。速锐排量 1.5 L,轴距 2.66 m,车身长度 4.68 m。这里在 C 级车的基础上进行修改。单击图 6-12 中的下三角,选择相应的车型。这里选择"C-Class,Hatchback"车型。

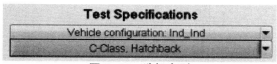

图 6-12　选择车型

二、仿真工况设置

首先进入仿真工况设置界面,如图 6-13 所示。

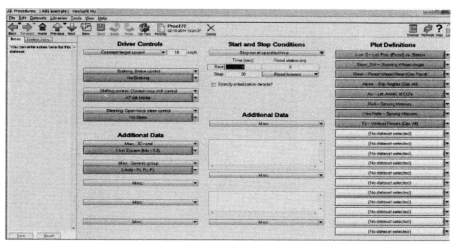

图 6-13　仿真工况的主界面

149

1. 设置仿真工况参数

在设置仿真工况的主界面，单击"New"，新建仿真工况，在图 6-14 所示的文本框中依次输入"MPC Example"和"MPC ENV"，单击"Set"按钮，完成新建。

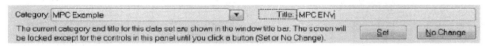

图 6-14　新建仿真工况

根据要求设置仿真工况：

（1）目标车速为 18 km/h。

（2）无制动。

（3）挡位控制选用闭环 AT 5 挡模式。

（4）无转向控制，转向盘转角为 0°。

（5）路面选择为 1 km²，摩擦系数为 1.0 的方形路面。

（6）完成设置后，界面如图 6-15 所示。

2. 设置仿真时间

同样在设置仿真工况的主界面，在如图 6-16 所示的"Stop"后的文本框内输入"40"。设置完成后，单击"Save"按钮进行保存。

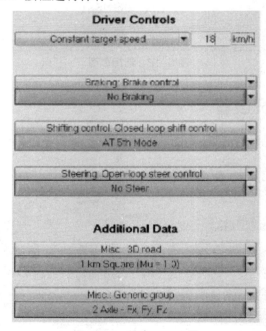

图 6-15　仿真工况设置

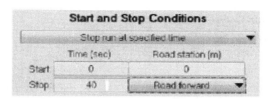

图 6-16 仿真时间设置

3. 设置仿真步长

在 CarSim 主界面中，单击下拉菜单"Tools"，选择"Preference"，出现如图 6-17 所示的界面，将仿真步长设置为"0.001"。

单击"Home"图标，返回 CarSim 的主界面，在"Procedure"项目下选择前面新建的"MPC ENV"工况，完成仿真工况设置，如图 6-18 所示。

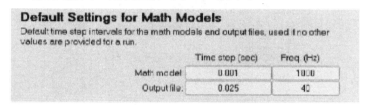

图 6-17 设置仿真步长

图 6-18 新建仿真工况

三、Simulink/CarSim 联合求解

1. 建立 Simulink/CarSim 的关联

单击如图 6-19 所示的 Models 选项，选择"Models：Simulink"。

单击如图 6-20 所示的选项，选择"[Link to New Dataset]"。此时将弹出一个如图 6-21 所示的对话框。在对话框中依次输入"Example"和"MPC_Simulink"，单击"Create and Link"按钮，完成新建。

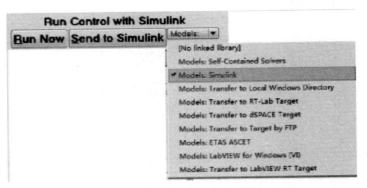

图 6-19　选择 Simulink 接口

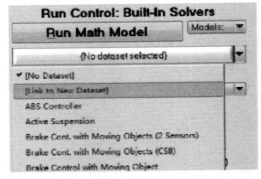

图 6-20　Link to New Dataset

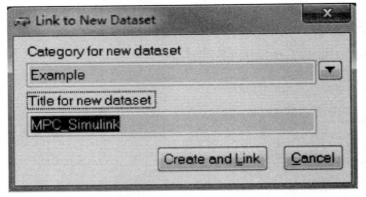

图 6-21　新建一个与 Simulink 联合的 Dataset

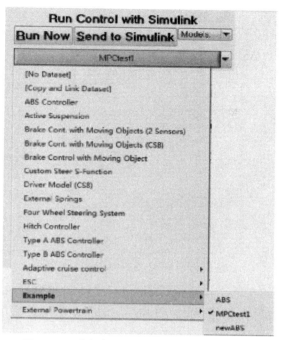

图 6-22 选择新建的"MPCtest1"Dataset

创建完新的 Dataset 之后,将其与 Simulink 关联起来,如图 6-22 所示。

在将 CarSim 的模型关联到 Simulink 之前,需要先新建一个 Simulink 文件并保存。单击如图 6-23 所示的"MPC_Simulink",将会弹出如图 6-24 所示的"Models Simulink{Example}MPC_Simulink"的主界面。

图 6-23 单击"MPC_Simulink"

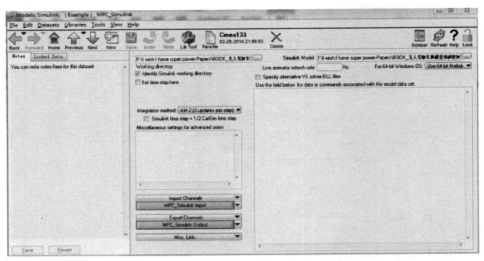

图 6-24　MPC_Simulink 的主界面

选择相关路径。这里的工作路径和 Simulink Model 的路径是指 Simulink 文件保存的路径。可以根据实际情况选择 "Use 64-bit matlab" 或者 "Use 32-bit matlab"，如图 6-25 所示。

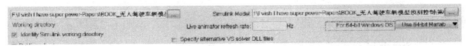

图 6-25　CarSim 模型导入 Simulink 路径设置

2. 定义 CarSim 的导入变量

单击如图 6-26（a）所示的 "Import Channels"，选择 "I/O Channels：Import"。然后单击如图 6-26（b）所示的 "[Copy and Link Dataset]"，出现如图 6-26（c）所示的对话框，输入 "MPCtest1 input"。

单击 "MPCtest1 input"，显示如图 6-27 所示的界面。

这里需要通过浏览找到 "Readme file imports："，其后显示为

Programs\solvers\ReadMe\f_i_i__s_imports_tab.txt

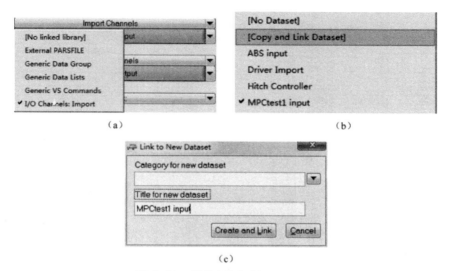

（a）　　　　　　　　　　　　（b）

（c）

图 6-26　新建 MPC_Simulink Input

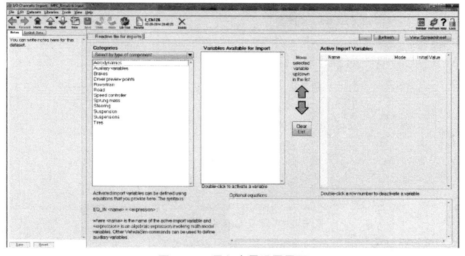

图 6-27　导入变量设置界面

定义 CarSim 的导入变量为车轮的前轮偏角，顺序依次为 IMP_STEER_L1（左前轮转角 [deg]）、IMP_STEER_R1（右前轮转角 [deg]）、IMP_STEER_L2（左后轮转角 [deg]），以及 IMP_STEER_R2（右后轮转角 [deg]）。需要注意的是：CarSim 的导入变量和 Simulink 中 MPC 模型的输出量是相对应的，所以这里的 CarSim 的导入变量应按照如图 6-28 所示的顺序排列选择。

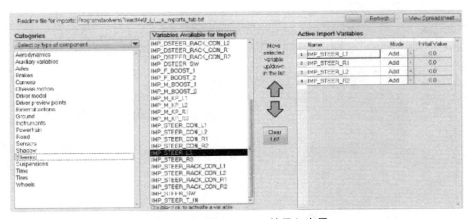

图 6-28　定义 CarSim 的导入变量

3. 定义 CarSim 的导出变量

步骤与本节 "2. 定义 CarSim 的导入变量" 相同。首先新建名为 "MPC_Simulink Output" 的一个 Dataset。单击 "MPC_Simulink Output"，弹出如图 6-29 所示的界面。

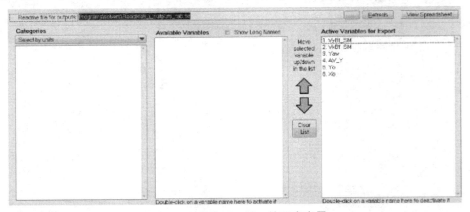

图 6-29　定义 CarSim 的导出变量

通过浏览找到 Readme file for outputs，其后显示为

Programs\solvers\ReadMe\i_i_outputs_tab.txt

定义 CarSim 的导出变量，依次为 VyBf_SM（质心处的纵向车速 [km/h]）、VxBf_SM、Yaw（偏航角 [deg]）、AV_Y、Y0（坐标系 Y 轴的坐标值 [m]）和 X0（坐标系 X 轴的坐标值 [m]）。需要注意的是：CarSim 的导出变量和 Simulink 中 MPC 模型的输入量是相对应的，所以这里的 CarSim 的导出变量应按照如图 6-30 所示的顺序排列选择。

4. 将 CarSim 建立的车辆模型输出到 Simulink

单击 "Home"，返回 CarSim 的主界面。单击 "Send to Simulink"，出现如图 6-31 所示的界面。此时 Matlab 及之前新建的空白模型 "chapter6_4_3.mdl" 将被打开。

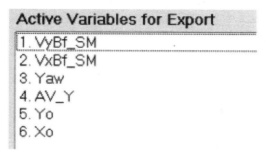

图 6-30　CarSim 的导出变量

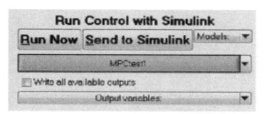

图 6-31　数学模型求解器

如图 6-32 所示，在 MATLAB Command Window 中输入"Simulink"，敲回车，打开"Simulink Library Browser"。注意：现在的 Simulink Library Browser 比单独运算 Matlab/Simulink 时多了一个"CarSim S-Function"，如图 6-33 所示。

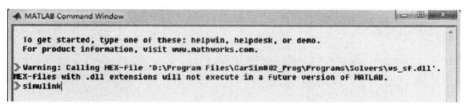

图 6-32　MATLAB Command Window 命令窗口

将"CarSim S-Function"拖曳到之前新建的 Simulink 文件中。注意此模块恰好有一个输入接口和一个输出接口，分别对应 CarSim 的导入变量和导出变量。

完成上述设定后，CarSim 通过外部接口将车辆模型发送至指定路径下的 Simulink 仿真文件中，CarSim 模块即以 S 函数的形式增加到 Simulink 模型库中。

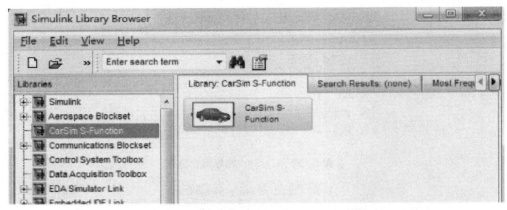

图 6-33　含有 CarSim S-Function 模块的 Simulink Library Browser

5.S 函数与 Simulink 环境下的仿真

在 chapter6_4_3.mdl 中加入基于 MPC 的轨迹跟踪控制器，CarSim 的导出量经过该控制器的计算，决策出下一时刻的质心车速和前轮偏角，然后导入 Car-Sim 模块。

将 Simulink Library Browser 中的"S-Function"拖曳到 Simulink 文件中，双击该图标，弹出如图 6-34 所示的对话框。在"S-function name"中输入"chapter6_2_4.m"。单击"OK"按钮，将设计好的基于 MPC 的轨迹跟踪控制算法的 m 文件导入 Simulink 文件。注意此模块恰好有一个输入接口和一个输出接口，分别对应着轨迹规划器（chapter6_2_4.m）的导入变量和导出变量。

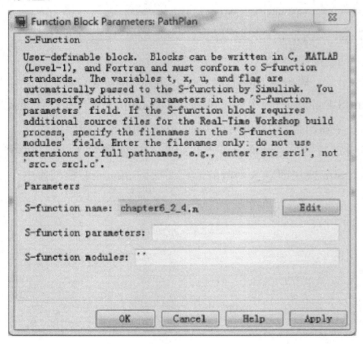

图 6-34　S 函数对话框

同理, 将基于 MPC 的路径跟踪控制器也导入 Simulink 中。由于车辆的姿态变化有一点延时, 所以在 Simulink/CarSim 联合仿真平台中加入延时模块, 如图 6-35 所示。

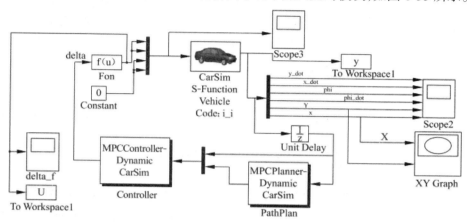

图 6-35　Simulink/CarSim 联合仿真平台

仿真结果如图 6-36 所示。从图中可以看出, 在三种不同速度下规划与控制系统都顺利完成了对障碍物的规避及全局参考轨迹的跟踪。在图 6-36 (a) 中, 车辆从原点位置出发, 此时并没有感知到障碍物的存在, 重规划的轨迹与参考轨迹重合。当车辆行驶至 20 m 处时, 障碍物信息的加入使得重规划的轨迹偏离了参考轨迹。通过一系列的重规划轨迹, 无人驾驶车辆实现了对障碍物的规避, 最终跟踪上参考轨迹并保持稳定。在图 6-36 (b) 与图 6-36 (c) 中, 由于车速的增加, 相同预测时域内规划出的轨迹区间也相应增加, 因此车辆在出发时就能够规划出绕开障碍物的局部轨迹, 实现在高速下的障碍物规避与轨迹跟踪。

本章在原有的控制层上加入规划层, 形成"轨迹重规划 + 跟踪控制"的双层控制体系。在轨迹重规划算法中, 结合非线性模型预测算法与避障功能函数, 实现对障碍物的可靠规避。对参考轨迹上轨迹点的选取方法进行了改进, 提出了一种融合目标点信息的方法, 防止出现车辆倒退的现象。为了简化规划层与控制层之间的传递参数, 提出了一种基于 5 次多项式曲线拟合的方法, 将规划出的轨迹点进行拟合。统计结果表明, 这种方法具有很高的精度。最后, 在两种不同的工况下进行仿真实验。结果表明, 所设计的双层控制体系能够在不同速度、不同障碍物环境中实现对参考轨迹的可靠、稳定跟踪。

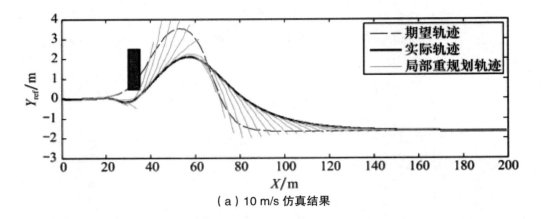

（a）10 m/s 仿真结果

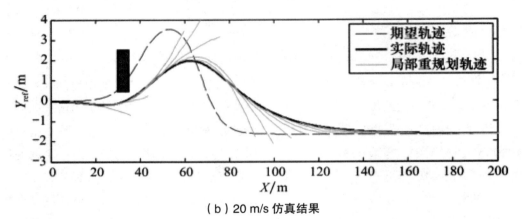

（b）20 m/s 仿真结果

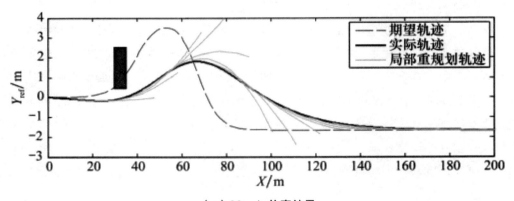

（c）30 m/s 仿真结果

图 6-36　仿真工况 1 的仿真结果

第七章　无人驾驶车辆设计与测试

第一节　无人驾驶车辆设计方法

在开始设计之前，需要了解无人驾驶车辆的功能需求。下面从行驶环境的分析、功能模块的分析和技术路线的确定三方面了解无人驾驶汽车的功能需求。

行驶环境分析包括对结构化道路和非结构化道路的分析。结构化道路又分为高速公路、城市快速路和城市道路。它们都具有清晰的车道线标记，其主要差异在于高速路或快速路一般不存在交叉路口情况，只需要对同向车流做反馈，不存在突然插入的对向或侧向车辆，并且输出也只需要基于车道的加减速和换道策略，功能需求的复杂度较城市道路工况要低。而对于城市道路，其具有组成复杂、行人交通量大、道路交叉点多、车辆类型杂、车速差异大等特点。此外，城市道路中还有更不稳定的非机动车车流的影响。这些都会导致城市道路中无人驾驶车辆行驶工况更加复杂。非结构化道路，如越野环境，某些封闭园区和乡村道路、土路，在路面具有较为明显的边界，但道路边界的约束状况信息无法预先获知，且路面中没有车道线等道路标志。

以城市环境为例，功能模块分析一般要求包括基本导航能力、基本交通行为能力、先进导航技术能力和先进交通技术能力。以越野环境为例，功能模块分析一般包括野外环境自主机动，野外障碍识别、避让，道路通行和阻断，道路的动态路径规划等。

目前，实现无人驾驶的技术路线有很多种。有些传统车企采用的是从高级驾驶辅助系统逐渐发展到无人驾驶的路线。有些互联网企业采用的是以人工智能为主的技术路线；另有一些引入车联网技术，形成智能网联系统。

了解了无人驾驶车辆的功能需求之后，以 2005 年 DARPA 挑战赛冠军——斯坦福大学的无人驾驶汽车 Stanley 为例介绍无人驾驶汽车的总体设计。其硬件平台分为环境传感器组、定位传感器组、安全措施组、计算机系统和执行系统五个部分，其中装有六个计算机，三个负责运行比赛软件，一个用来记录比赛数据，还有两个处于闲置状态。其软件平台分为传感器接口层、感知层、控制层、车辆接口层、用户接口层和全局服务层六层，其中用户接口层包含远距离控制的 E-Stop 和一个启动软件的触屏模块。E-Stop 系统是一个无线装置，可以使无人驾驶汽车 Stanley 在紧急情况下安全停车。

无人驾驶汽车的分系统设计主要分为感知系统设计、规划系统设计、控制系统设计和底层系统设计。

感知系统设计主要分为传感器布局、传感器感知范围计算和感知算法设计三部分内容。同一个传感器在车上安装位置不同，会导致它的感知范围不同，多个传感器组合安装在不同位置，也会产生不同的感知效果。因此在传感器安装前，需要根据任务目标计算感知范围，确定传感器的安装位置。另外，感知系统的设计还建立在行驶环境、功能模块和技术路线的清晰分析的基础上，针对越野环境和城市环境可能设计出截然不同的感知系统。

规划系统设计主要分为环境建模、全局路径规划、局部路径规划、速度规划等内容。由于无人驾驶车辆环境感知系统无法提供完整的环境信息且行驶环境中存在较多的动态障碍物，容易造成全局路径不可行的情况。同时，无人驾驶车辆通常以较高速度行驶，不可能停车等待全局路径的重新规划，所以无人驾驶车辆的路径规划方法需要很好的实时性。

控制系统设计主要分为控制系统性能参数和设计约束、车辆平台执行器特性、车辆控制系统设计等内容。

底层控制系统在早期主要采用加装执行机构的方法由传统车辆改造而成，设计内容包括油门控制设计、电控制动系统设计和电控转向设计三部分。但是这种方法控制延迟较大，且维修不方便，所以实现车辆底层自动操纵最理想的方法是与车辆厂商开展合作，通过总线实现对车辆电控化底层执行单元的控制。

第二节　仿真测试

仿真测试主要有两种方式：基于数据集的仿真测试和基于软件的仿真测试。

一、基于数据集的仿真测试

KITT1 数据集是无人驾驶学术圈使用最广泛的数据集之一，它是德国卡尔斯鲁厄理工大学建立的数据库。该数据集用于评测立体图像、光流、视觉测距、3D 物体检测、3D 跟踪等技术在车载环境下的性能。

SYNTHIA 数据集是在虚拟场景下自动产生类似于真实场景中的合成图像的数据集，主要用于给深度卷积神经网络提供大量的带标注信息的样本。

CityScapes 数据集，即城市景观数据集，其本质就是一个计算机视觉语义分割数据集。城市景观数据集旨在评价视觉算法在语义城市场景理解任务中的性能，以利用大量注释数据的研究,如用于训练深层神经网络。

ApolloScape 是百度在 2017 年创立的 Apollo 开放平台的一部分,是三维自动驾驶公开数据集,采集的图像来自中国的北京、上海、深圳等城市。数据集可以用于各种自动驾驶相关应用,包括但不限于 2D/3D 场景理解、定位、转移学习和驾驶模拟。

二、基于软件的仿真测试

用于无人驾驶车辆仿真测试的软件主要有 PreScan、CarSim、Gazebo、CARLA、V-REP 等。

PreScan 主要用于驾驶辅助、驾驶预警、避撞、减撞等功能的前期开发和测试,正成为许多汽车制造商及研发单位的有力工具。

PreScan 应用场景有很多。前面介绍过自动紧急制动(Autonomous Emergency Braking, AEB)系统,使用 PreScan 可以实现 AEB 系统的仿真。

车道保持辅助(Lane Keeping Assistance, LKA)系统是一种车辆横向的控制系统,它在车道偏离预警系统的基础上对车辆进行控制,能够使车辆在车道线内稳定行驶。PreScan 同样可以对该系统进行仿真测试,使用摄像机来识别并跟踪车道线,并控制车辆和车道线之间的距离。

行人检测(Pedestrian Detection, PD)系统是指通过安装在汽车上的动态视觉传感器,综合使用各种智能算法对汽车视觉范围内的行人进行检测,从而在对行人运动理解的基础上,采取一定的措施,达到辅助驾驶甚至自动驾驶的功能的一个系统。

PreScan 还能进行硬件在环(Hardware-in-the-loop, HIL)仿真。HIL 仿真是一种软件测试的高效方法,该技术能确保在开发周期早期就完成嵌入式软件的测试。到系统整合阶段开始时,嵌入式软件测试就要比传统方法更彻底更全面,这样可以及早地发现问题,因此降低了解决问题的成本。

CarSim 是专门针对车辆动力学的仿真软件,主要用来预测和仿真汽车整车的操纵稳定性、制动性、平顺性、动力性和经济性,广泛应用于现代汽车控制系统的开发。

Gazebo 是一款功能强大的三维物理仿真平台,典型应用场景有测试机器人算法、设计机器人和用现实场景进行回归测试。

CARLA 包含三个模块的自动驾驶仿真功能,分别为经典的规则化无人驾驶、端对端模仿学习无人驾驶、端对端强化学习无人驾驶。

V-REP 是一个虚拟机器人及自动化模拟平台,具有强大的应用程序接口、模拟传感器和距离计算、碰撞检测等。V-REP 的应用主要有图像处理、地图构建、运动规划等六种场景。其不仅可以独立仿真,也可以借助 Matlab、VisualStudio 和 ROS 等软件进行联合仿真。

第三节　实车测试

实车测试主要分为比赛测试、封闭测试基地测试和实际道路测试。

实车测试的方法之一就是通过比赛测试无人驾驶车辆的性能。较为著名的无人驾驶车辆比赛包括美国 DARPA 挑战赛、欧洲 ELROB 比赛、中国"智能车未来挑战赛"。当采用比赛的方式进行无人驾驶车辆的测试时,比赛的评分标准也就成了参赛车辆的评价指标。DARPA 采用的一种评估方法为 PerceptOR,其特点是提前不知道测试路线与环境,且测试完成之前不允许操作人员看到测试路线与环境。以客观的量化指标记录车辆的表现,主要关注无人驾驶车辆的测试方法及测试中其表现如何。2013 年的中国"智能车未来挑战赛"以 4S 作为评价指标,分别在城郊道路和城区道路进行测试,针对两种不同的道路环境,设置了不同的任务场景。根据无人驾驶车辆在各个任务场景下的安全性、智能性、平稳性、速度四方面进行评价打分,以此作为衡量无人驾驶车辆的性能指标。

驾驶测试场是重现无人驾驶汽车使用中遇到的各种各样道路条件和使用条件的测试场地,用于验证和试验无人驾驶车辆的软件算法的正确性。著名的无人驾驶测试场 M-City 从 2014 年开始建设,于 2015 年 7 月 20 日正式开放,是世界上首个测试智能车辆、V2V/V2I 车联网技术的专用封闭测试场。相关车辆测试时,必须要通过 A、B、C 三道关卡。A 代表 AcceleratedEvaluation(加速验证);B 代表 BehaveCompetence(表现能力),要通过几十个项目的测试;C 代表 Corner Cases(一些特别容易出错的场景)。

除了 M-City,国外还建设有其他很多的无人驾驶车辆封闭测试场地。例如美国密歇根州的 WillowRim 测试基地,谷歌还曾租用加利福尼亚 Castle 空军基地内部分区域用来测试无人驾驶汽车,瑞典也建设有 Asta Zero 安全技术综合试验场。

我同近年来也建设了很多无人驾驶车辆测试试验场。2018 年 7 月 10 日,交通运输部为国内首次认定的三家"自动驾驶封闭场地测试基地"授牌,分别为交通运输部公路院综合试验场、重庆基地综合试验场、长安大学车联网与智能汽车试验场。上海还建设有国内首家智能网联汽车封闭测试区,测试区设有多种测试功能场景,包括对 V2X 通信技术的测试。截至 2019 年年底,北京已建成 3 个封闭测试场,其中由北京智能车联产业创新中心建成并运营的同家智能汽车与智慧交通(京冀)示范区亦庄基地是全国首个 T5 级封闭测试场,可提供全天候全路况自动驾驶测试服务。

实际道路测试是最真实、最可信的,也是检验无人驾驶车辆的最终场地。国外在无人驾驶车辆实际道测试上起步较早。2012 年,美国内华达州为谷歌无人驾驶汽车颁发了第一张上路测试牌照,从这以后,国内外各大互联网公司和汽车企业等研发的无人驾驶车辆都开始在公共道路上进行测试。截至目前,美国加利福尼亚州是全美无人驾驶道路测试申请最多的城市,包括谷歌、百度在内的数十家企业已经获得在该州的无人驾驶路测牌照。加利福尼亚州将无人驾驶汽车上路监管分为测试和部署两个阶段,测试阶段只允许车厂的员工进入无人驾驶车辆,部署阶段允许乘客进入无人驾驶车辆。

早在 2013 年,德国就允许博世的无人驾驶技术进行路试,之后又有奔驰等公司相继得到政府批准,在德国高速公路、城市交通、乡间道路等多环境开展无人驾驶汽车的实地测试。2017 年 5 月,德国联邦议会、联邦参议院通过首部无人驾驶汽车的法律,允许汽车无人驾驶系统未来在特定条件下代替人类驾驶。

国内的无人驾驶汽车实际道路测试也在蓬勃发展之中。

2018 年,工业和信息化部、公安部、交通运输部联合印发《智能网联汽车道路测试管理规范(试行)》,文件中明确规定了道路测试的测试项目。据不完全统计,截至 2019 年 10 月 31 日,全国共有 20 余个省区市出台了智能网联汽车测试管理规范或实施细则,其中有 20 多个城市发出测试牌照。

以北京为例,2017—2018 年,北京市出台了无人驾驶车辆道路测试的政策指导文件,并发布了《北京市自动驾驶车辆封闭测试场地技术要求(试行)》《北京市自动驾驶车辆道路测试能力评估内容与方法(试行)》等一系列配套的无人驾驶车辆道路测试标准文件。2018 年北京市为 8 家企业的 56 辆自动驾驶车辆发放了道路临时测试牌照,自动驾驶车辆在道路测试中已安全行驶超过 15.36 万千米。《北京市自动驾驶车辆道路测试能力评估内容与方法(试行)》中规定测试车辆的评估内容分为认知与交通法规遵守能力评估、执行能力评估、应急处置与人工介入能力评估、综合驾驶能力评估、网联驾驶能力评估五方面,根据评估内容的难易程度,道路测试场景的复杂程度,将自动驾驶车辆能力评估分为 1~5 级。自动驾驶车辆在评估人员的现场监督下,按照其申请评估内容的操作要求及评估人员指令,除标明在测试驾驶员协助下完成驾驶的评估内容外,均需由自动驾驶车辆在自动驾驶状态完成驾驶。通过某评估分级内的全部评估内容专项,则对应等级自动驾驶能力评估为通过。1~5 级每评估分级满分为 100 分,评判为扣分制,成绩达到 80 分为通过。2019 年 6 月北京市发布《北京市自动驾驶车辆测试道路管理办法(试行)》,2019 年 10 月,发布团体标准 T/CMAX119—2019《自动驾驶车辆测试道路要求》。截至 2019 年年底,北京市已累计开放 4 个区县的自动驾驶测试道路,共计 151 条,503.68km;开放全国首个自动驾驶测试区域,面积约 40km²;道路测试里程突破 104.02 万千米。

第四节　机遇与挑战

无人驾驶车辆的发展十分迅猛，它的未来也同样充满着机遇和挑战。

无人驾驶车辆未来的机遇主要体现在以下几方面：

（1）智能网联技术的迅猛发展。智能网联技术在 10 年内将快速发展，预计在 2030 年基本建成智能网联汽车产业链与智慧交通体系。其技术途径综合了无人驾驶车辆中感知、定位技术与智能交通系统的信息技术，发展的重点也是在于解决智能网联技术中的关键问题，如环境感知系统搭建、信息安全监测与防护关键技术等。2020 年 6 月召开的联合国世界车辆法规协调论坛（WP.29）第 181 次会议通过了信息安全（Cybersecurity）、软件升级（Software Updates）以及自动车道保持系统（Automated Lane Keeping Systems，ALKS）三项智能网联汽车领域的重要法规。

（2）特定场景下的自动驾驶。例如自主泊车、快速公交、无人清扫环卫车。

（3）新型商业模式的出现。例如 Waymo 在美国凤凰城郊推出了首个商业无人驾驶乘车服务。特斯拉则在美国部分地区提供无人驾驶出租服务 Robotaxi，同时提出 Tesla-network 汽车共享计划，允许私人将自己的特斯拉汽车投入到出行服务网络中，并从中获取利润分成。

（4）配套基础设备及设施的发展。例如 2019 年 10 月，广汽自主开发的 V2X 车载系统被工业和信息化部和行业专家评定为最接近量产的产品，受到了国际 5G 汽车联盟高度认可。此外，我国政府大力推动的正在建设的杭绍甬智慧高速公路项目，是我国首条"超级高速"，计划在 2022 年正式通车。这条"超级高速"最令自动驾驶行业人期待的就是设置了自动驾驶专用车道。除此之外，各种智慧高速公路的基础设施及智慧高速云控平台是更大的市场，将会带来更多的商机和发展。

（5）各国政府也都推出了相关政策来积极推动无人驾驶汽车的发展进程。美国于 2018 年 4 月出台了《自动驾驶汽车 3.0：为未来交通做准备》、2020 年 3 月出台了《智能交通系统战略规划 2020—2025》文件。欧盟、日本也相继出台了多部相关政策。我国也积极于 2018 年 12 月出台《车联网（智能网联汽车）产业发展行动计划》、2019 年 9 月出台《交通强国建设纲要》等相关文件。2020 年 2 月，11 部委联合发布了《智能汽车创新发展战略》，标志着智能网联路线下的"车—云—路"模式将成为核心策略。为了将自动驾驶更广泛地用于实现更安全、更持续、更普惠的未来出行，2020 年 6 月，60 个国家达成自动驾驶领域里程碑式的一致，统一采用联合国提出的在特定交通环境中驾驶自动驾驶车辆的安全条例，该条例是世界上首个针对 Level3 自动驾驶车辆的具有国际约束力的法规。

无人驾驶车辆也存在很多挑战,例如:

(1)无人驾驶测试困难。自动驾驶测试目前主要面临两个难题,一个是高昂的数据采集和标注成本,另一个是实际路测难以企及的测试里程要求。实现真正的无人驾驶任重而道远。

(2)信息安全惹争议。相比传统汽车,未来无人驾驶车辆的网络架构会发生巨大变化,无人驾驶技术的发展趋势必然导致信息安全问题伴随终生。无人驾驶的信息安全问题主要涉及终端安全、网络信息安全和平台安全问题。无人驾驶的终端安全问题需要考虑智能车载终端、手机终端和路侧终端的问题,任何一个环节都有被入侵的可能性。无人驾驶车辆使用的计算和联网系统沿袭了既有的计算和联网架构,也继承了这些系统天然的安全缺陷。同样,与无人驾驶车辆相关的云平台方面也存在着信息安全隐患。

(3)人工智能发展瓶颈。目前认为要想实现高等级的主观能动的无人驾驶,人工智能是被广泛采用并寄予厚望的技术。在2018年的全球人工智能与机器人大会上,中国科学院张钹院士表示,我们正在通往真正人工智能的道路上,现在走得并不远,在出发点附近。

(4)社会认可度需要检验。无人驾驶车辆最终投入运营面向大众,需要大众的接受,但是现在由于技术是一个逐渐完善的过程,在应用过程中难免会存在一些问题。如果让无人驾驶车辆在危急的情况下来做决断,是让它模仿人类的道德进行判断,还是希望它有一个已定的决断规则?如果有了明确的决断规则,那么这个规则由谁确定?假如出了交通事故,又由谁来承担可能造成的后果?无人驾驶汽车的大规模运用会带来深刻的社会结构改变,由此产生的道德讨论、社会安全、失业问题等都将长期伴随无人驾驶车辆的发展。

总而言之,无人驾驶车辆的未来发展是机遇与挑战并存的,相信未来无人驾驶技术会取得更多的突破与进展!

参考文献

[1] 胡迪·利普森, 梅尔芭·库曼. 无人驾驶 [M]. 林露茵, 金阳译. 上海: 文汇出版社, 2017.

[2] 陈慧岩, 熊光明, 龚建伟, 姜岩主编. 无人驾驶汽车概论 [M]. 北京: 北京理工大学出版社, 2014.

[3] 陈雪梅. 无人驾驶车辆智能行为决策建模 [M]. 北京: 北京理工大学出版社, 2021.

[4] 邸慧军, 龚建伟, 熊光明. 无人驾驶车辆目标检测与运动跟踪 [M]. 北京: 北京理工大学出版社, 2021.

[5] 龚建伟, 姜岩, 徐威. 无人驾驶车辆模型预测控制 [M]. 北京: 北京理工大学出版社, 2014.

[6] 龚建伟, 刘凯, 齐建永. 国之重器出版工程 无人驾驶车辆模型预测控制 第 2 版 [M]. 北京: 人民邮电出版社, 2020.

[7] 熊光明, 龚建伟, 陈慧岩. 无人驾驶车辆理论与设计 慕课版 [M]. 北京: 北京理工大学出版社, 2021.

[8] 熊光明, 等. 无人驾驶车辆智能行为及其测试与评价 [M]. 北京: 北京理工大学出版社, 2015.

[9] 杨梦露. 无人驾驶事故责任研究 [M]. 北京: 九州出版社, 2021.

[10] 龚建伟, 叶春兰, 姜岩, 等. 多层感知器自监督在线学习非结构化道路识别 [J]. 北京理工大学学报, 2014, 34（3）: 261—266.

[11] 张海鸣, 龚建伟, 陈建松, 等. 非结构化环境下无人驾驶车辆跟驰方法 [J]. 北京理工大学学报, 2019, 39（11）: 1126—1132.

[12] 陈雪梅, 田赓, 苗一松, 等. 城市环境下无人驾驶车辆驾驶规则获取及决策算法 [J]. 北京理工大学学报, 2017, 37（5）: 491—496.

[13] 金敏. 城市环境下无人驾驶车辆环境自适应汇入策略研究 [D]. 北京: 北京理工大学, 2018.

[14] 成英. 有人与无人驾驶混合行驶条件下车辆交互避让决策研究 [D]. 北京: 北京理工大学, 2019.

[15] 刘凯, 龚建伟, 陈舒平, 等. 高速无人驾驶车辆最优运动规划与控制的动力学建

模分析 [J]. 机械工程学报,2018（14）：141—151.

[16] 陈佳佳 . 城市环境下无人驾驶车辆决策系统研究 [D]. 合肥：中国科学技术大学,2014.

[17] 杜明博 . 基于人类驾驶行为的无人驾驶车辆行为决策与运动规划方法研究 [D].合肥：中国科学技术大学,2016.

[18] 孙剑,黄润涵,李霖,等 . 智能汽车环境感知与规划决策一体化仿真测试平台 [J].系统仿真学报,2020,32（2）：92—102.

[19] 章军辉,李庆,陈大鹏 . 基于 BP 神经网络的纵向避撞安全辅助算法 [J]. 西安交通大学学报,2017,51（7）：140—147.

[20] 田赓 . 复杂动态城市环境下无人驾驶车辆仿生换道决策模型研究 [D]. 北京：北京理工大学,2016.

[21] 孙倩,郭忠印 . 基于长短期记忆神经网络方法的车辆跟驰模型 [J]. 吉林大学学报（工学版）,2020（4）：1380.

[22] 盘意伟 . 快速路入口匝道合流区的瓶颈形成机理与特性研究 [D]. 南京：东南大学,2015.

[23] 孙强 . 基于强化学习的无人驾驶车辆城市交叉口通行决策研究 [D]. 北京：北京理工大学,2018.